漢字のふくしゅう 1.

漢字を使おう　二年生で習った漢字

新しくつかう、三年の教科書でふくしゅうする漢字です。

1 漢字の読みがなを書きましょう。　18点（一つ2）

① **新**（　　）しいくつをはく。

② **雲**（　　）が空をおおう。

③ **東**（　　）の方角が明るい。

④ **里山**（　　）に春が来る。

⑤ **毎週**（　　）水曜日の当番。

⑥ **市場**（　　）へ行く。

⑦ **電車**（　　）にのって出かける。

⑧ りんごを **半分**（　　）に切る。

⑨ **高**（　　）い山にのぼる。

2 あてはまる漢字を書きましょう。〔　〕には漢字とひらがなを書きましょう。　32点（一つ4）

① ［きょう｜しつ］に入る。

② ［みなみ］から風がふく。

③ みんなで〔はなす〕。

④ ［ぎゅう｜にく］を買う。

⑤ ［うみ］の魚。

⑥ 大きな［こう｜えん］。

⑦ 馬が〔なく〕。

⑧ ［むぎ｜ちゃ］をのむ。

3 漢字(かんじ)の読みがなを書きましょう。 18点(一つ2)

①音楽のじゅぎょう。（　）
②自分できめる。（　）
③大きな船。（　）
④画用紙を広げる。（　）
⑤理科のじっけん。（　）
⑥毛糸の手ぶくろ。（　）
⑦野生のどうぶつ。（　）
⑧顔をあらう。（　）
⑨うでの力が強い。（　）

4 あてはまる漢字を書きましょう。〔　〕には漢字とひらがなを書きましょう。 32点(一つ4)

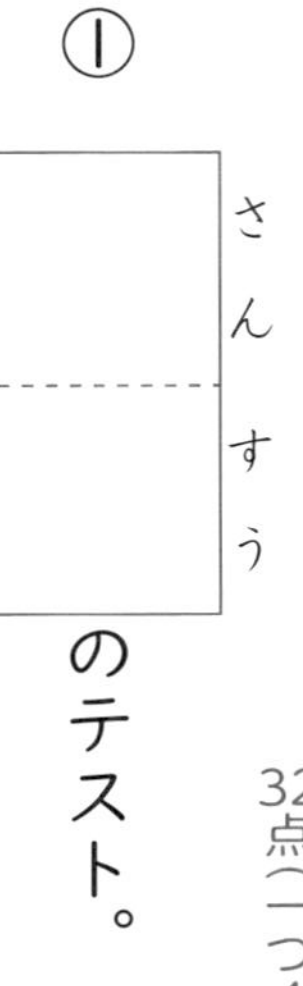
①□□(さんすう)のテスト。
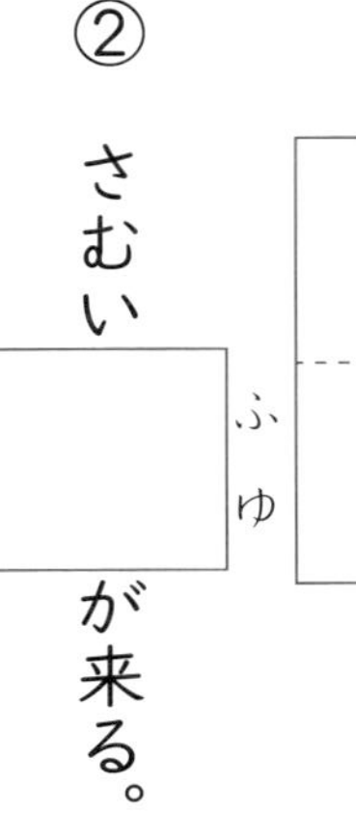
②さむい□(ふゆ)が来る。
③大きな□(こえ)を出す。
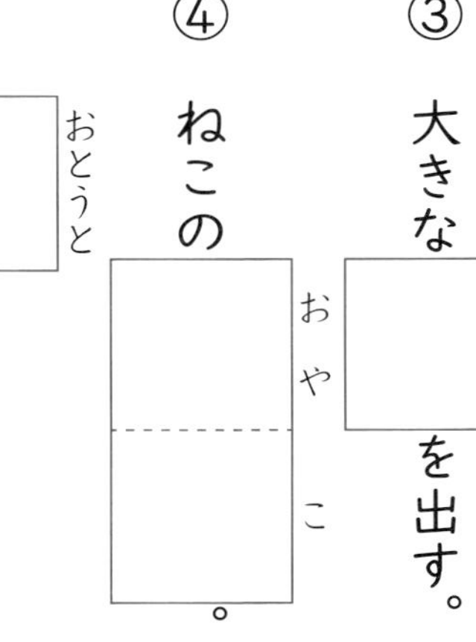
④ねこの□□(おやこ)。
⑤□(おとうと)とあそびに行く。
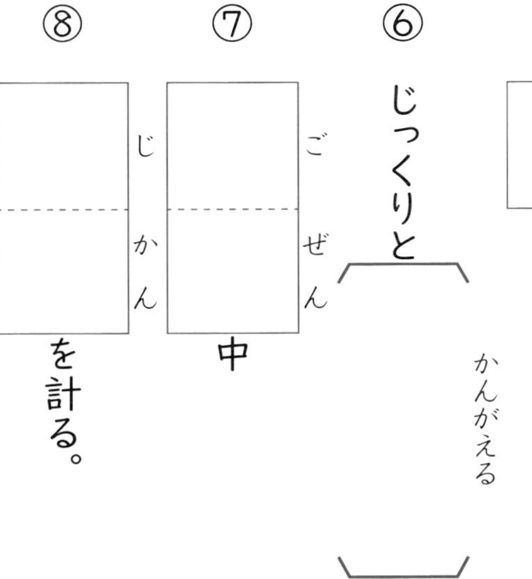
⑥じっくりと〔　　〕(かんがえる)。
⑦□□(ごぜん)中
⑧□□(じかん)を計る。

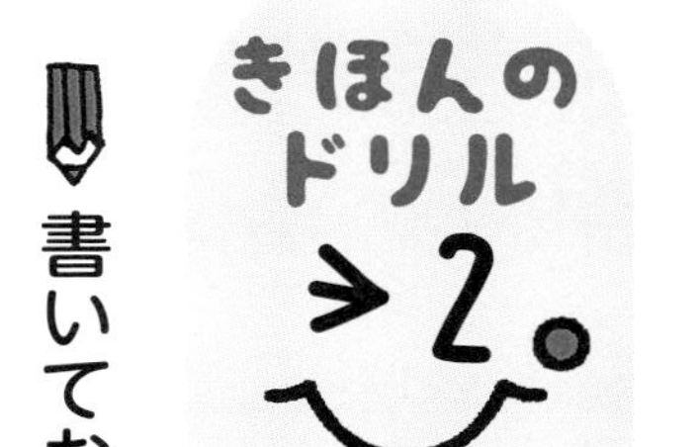

きほんのドリル 2. すいせんのラッパ (1)

時間 15分
合かく80点 ／100
答え 101ページ

月　日

書いておぼえよう！

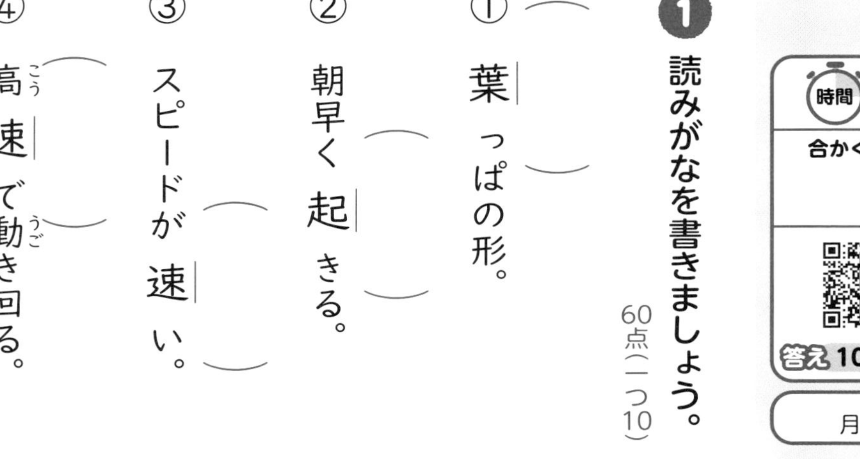

教 19ページ
葉 ヨウ　は
はらう
12画 葉葉葉葉葉葉葉葉葉葉葉葉
くさかんむり
さくらの葉(は)　言葉(ことば)　落葉(らくよう)

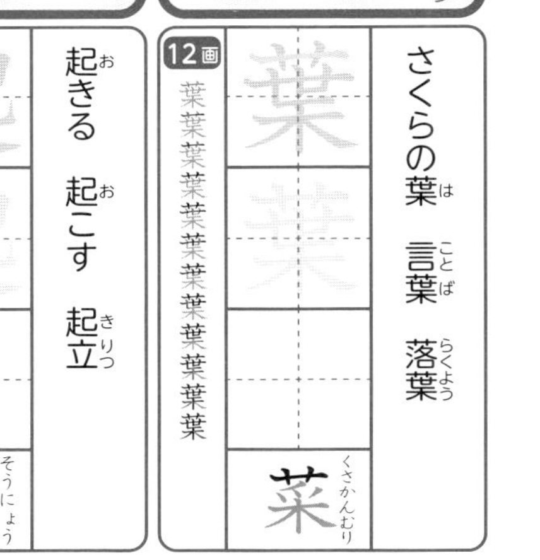

教 19ページ
起 キ　おきる　おこる　おこす
長く
10画 起起起起起起起起起起
そうにょう
起(お)きる　起(お)こす　起立(きりつ)

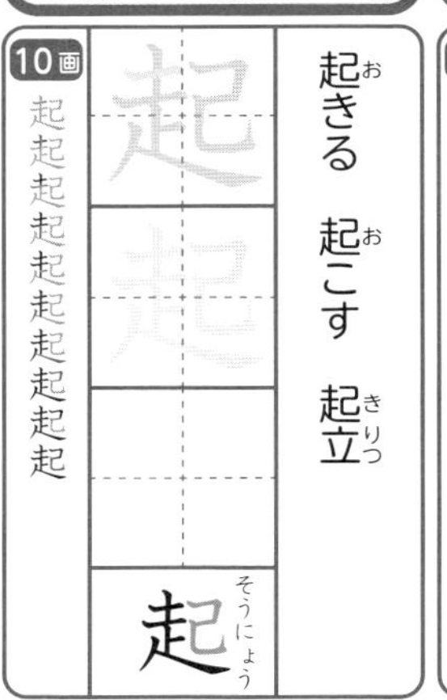
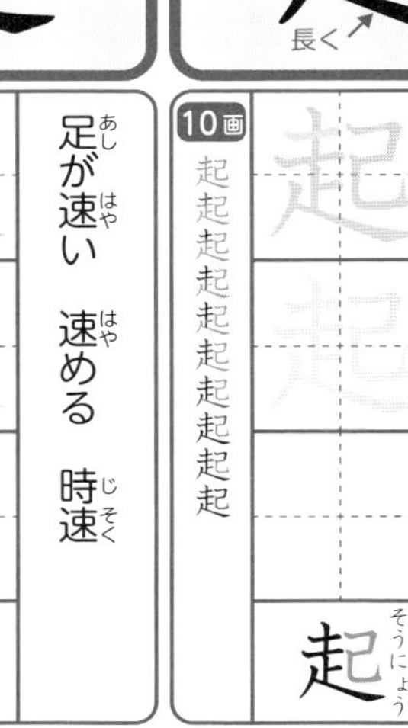
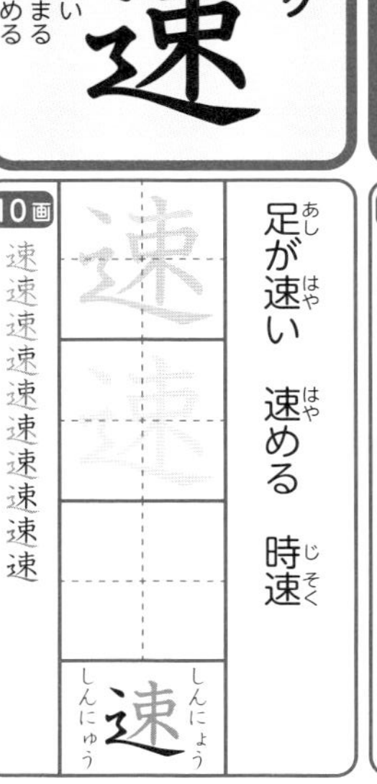
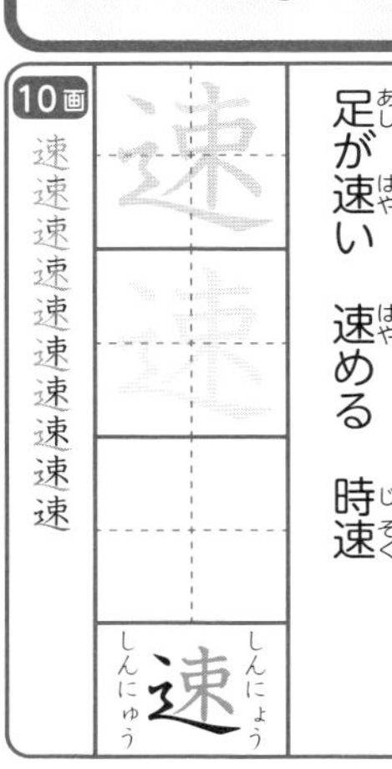
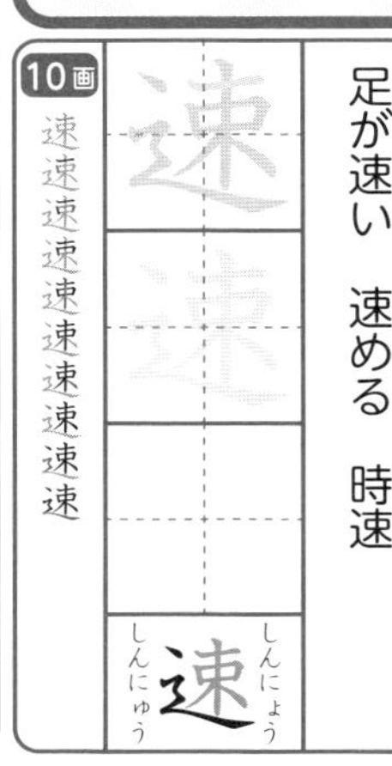
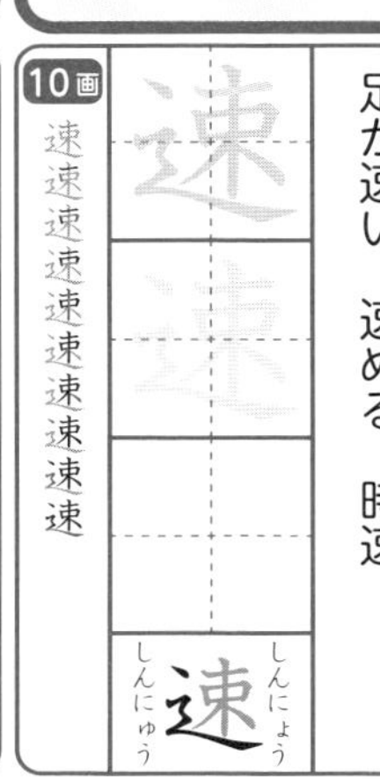
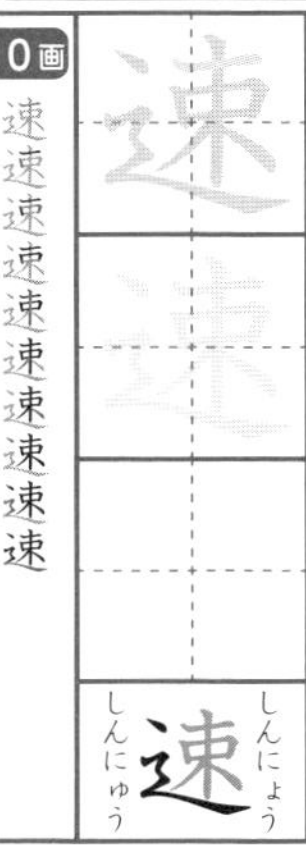

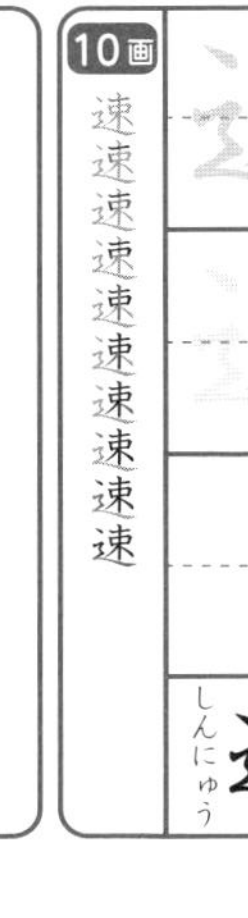

教 19ページ
速 ソク　はやい　はやまる　はやめる
10画 速速速速速速速速速速
しんにょう（しんにゅう）
足(あし)が速(はや)い　速(はや)める　時速(じそく)

教 20ページ
面 メン
9画 面面面面面面面面面
めん
面会(めんかい)　方面(ほうめん)　表面(ひょうめん)　画面(がめん)

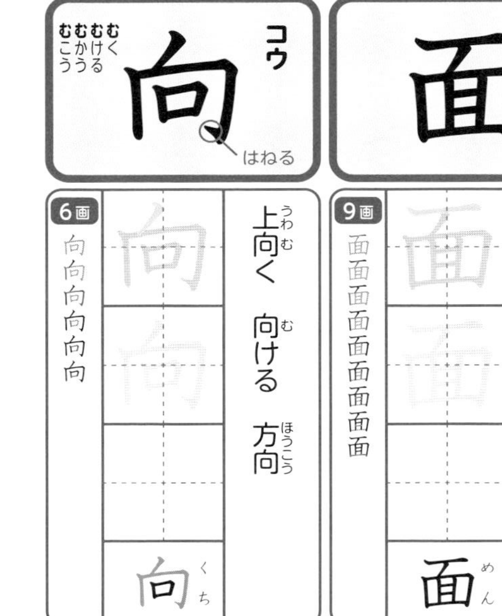

教 20ページ
向 コウ　むく　むける　むかう　むこう
はねる
6画 向向向向向向
くち
上向(うわむ)く　向(む)ける　方向(ほうこう)

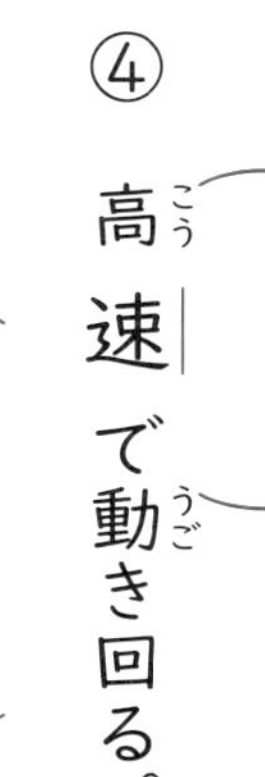

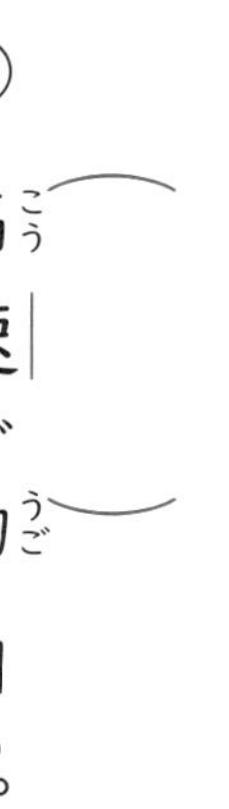

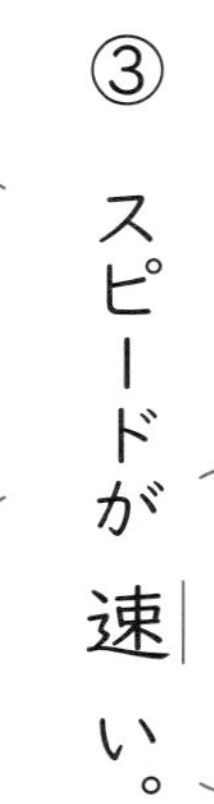

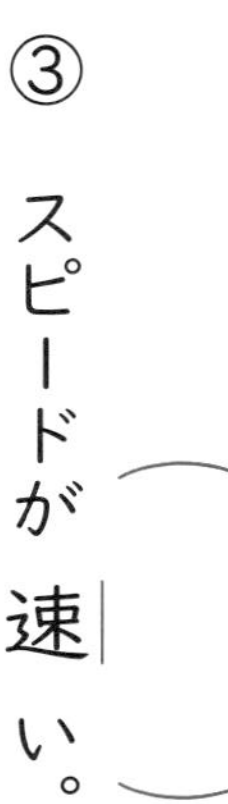
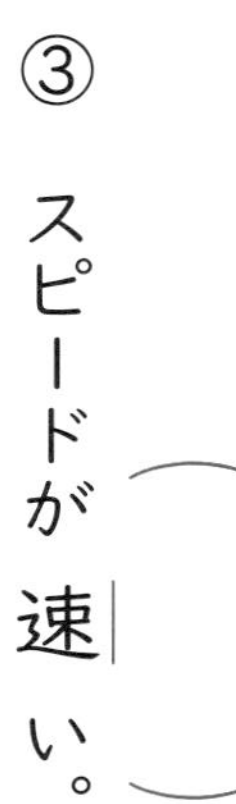
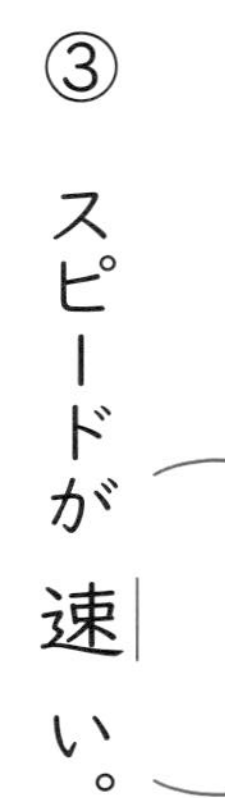
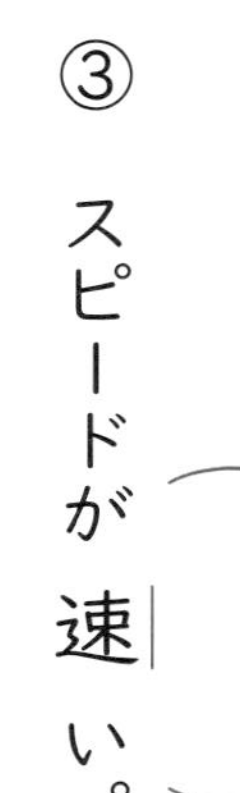
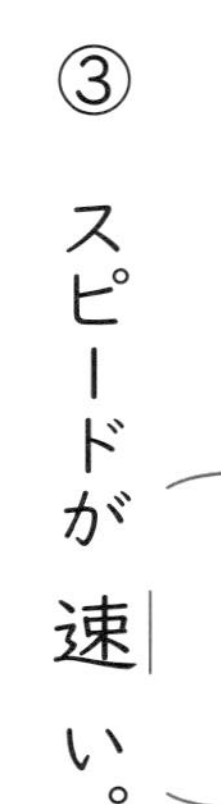

1 読みがなを書きましょう。 60点(一つ10)

① 葉（　　）っぱの形。
② 朝早く 起（　　）きる。
③ スピードが 速（　　）い。
④ 高(こう) 速（　　）で動(うご)き回る。
⑤ 新しい 一面（　　）。
⑥ 空の 向（　　）こう。

← うらのページにつづくよ！

教科書 上 16～28ページ

2 あてはまる漢字(かんじ)を書きましょう。

40点(一つ5)

① 外国の［ことば］を学ぶ。

② もみじの木が落(らく)［よう］する。

③ ねている弟を［お］こす。

④ 全員(ぜんいん)［き］立(りつ)する。

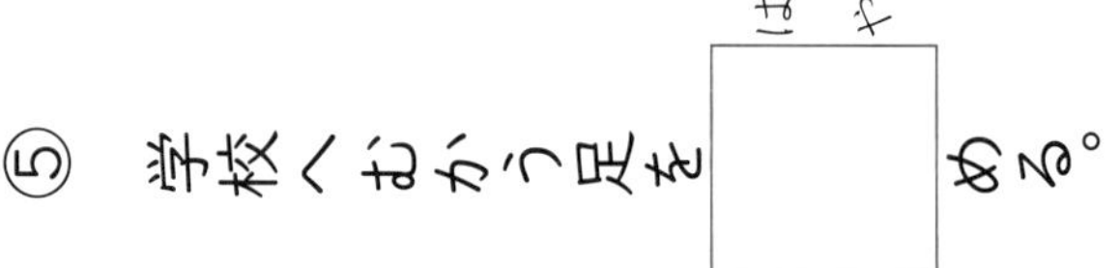

⑤ 学校へむかう足を［はや］める。

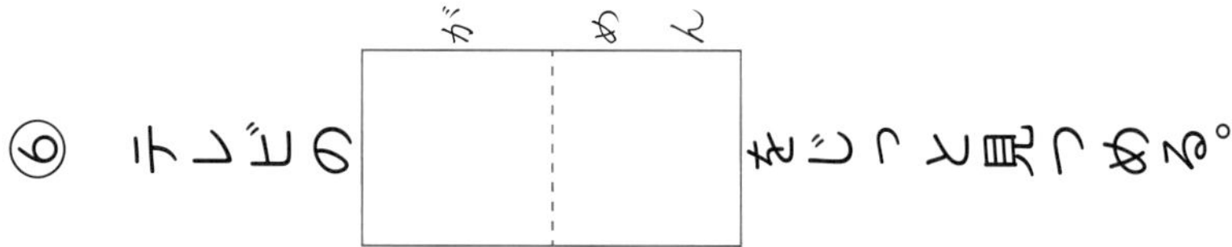

⑥ テレビの［がめん］をじっと見つめる。

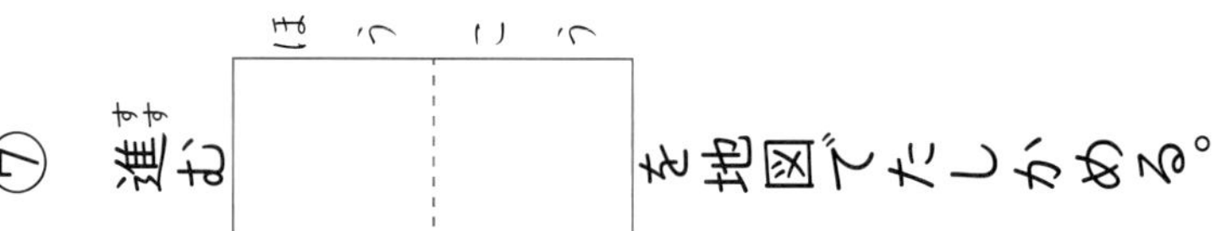

⑦ 進(すす)む［ほうこう］を地図でたしかめる。

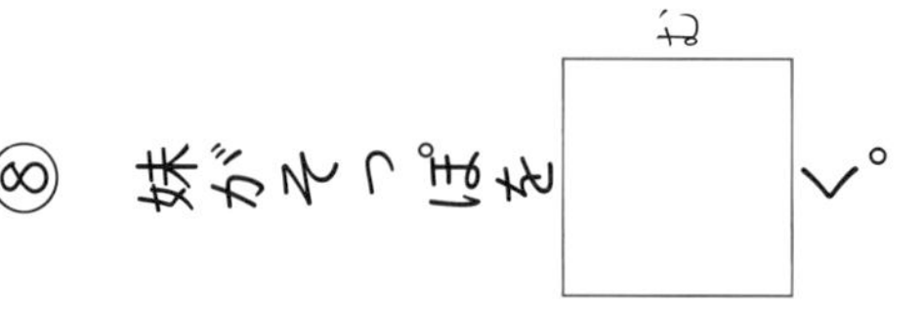

⑧ 妹がそっぽを［む］く。

⑤「はやめる」は、同じ読み方の「早める」との使(つか)い分けに気をつけましょう。

きほんのドリル 3。

すいせんのラッパ (2)

書いておぼえよう！

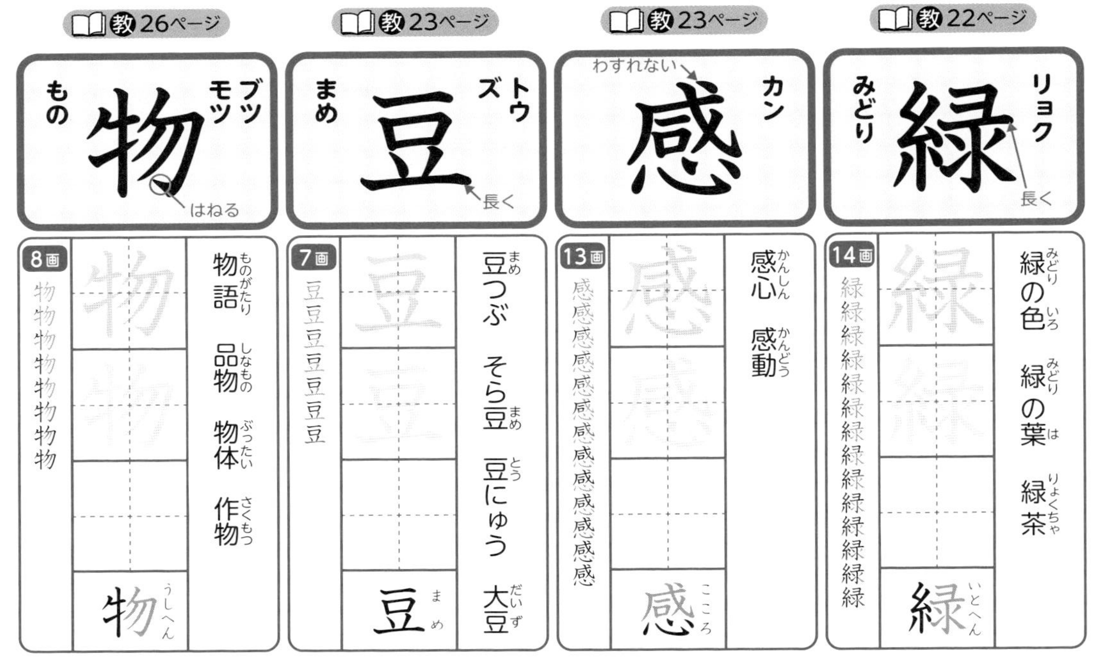

1 読みがなを書きましょう。 60点（一つ10）

① 緑色のかさ。（　　）

② 緑地が広がる。（　　）

③ すっかり感心する。（　　）

④ 豆つぶをつまむ。（　　）

⑤ りっぱな人物。（　　）

⑥ たから物をかざる。（　　）

← うらのページにつづくよ！

2 あてはまる漢字(かんじ)を書きましょう。

40点(一つ5)

① （みどりいろ）の屋根(やね)の家をさがす。

② ペットボトルの（りょくちゃ）を飲(の)む。

③ 友だちの絵を見て（かんしん）する。

④ えだ（まめ）をゆでて食べる。

⑤ （とう）ふの入ったおみそしる。

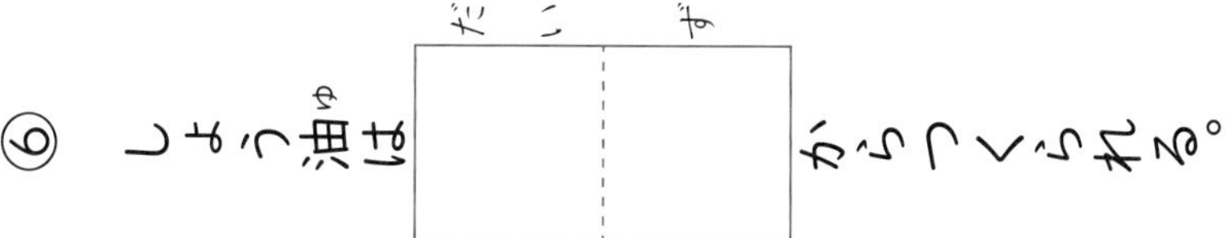

⑥ しょう油(ゆ)は（だいず）からつくられる。

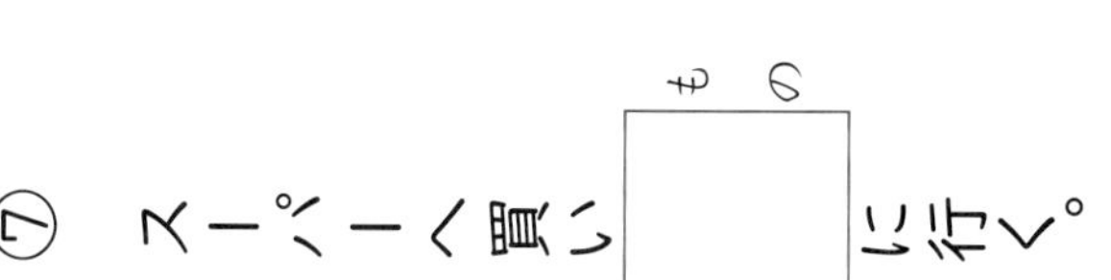

⑦ スーパーへ買い（もの）に行く。

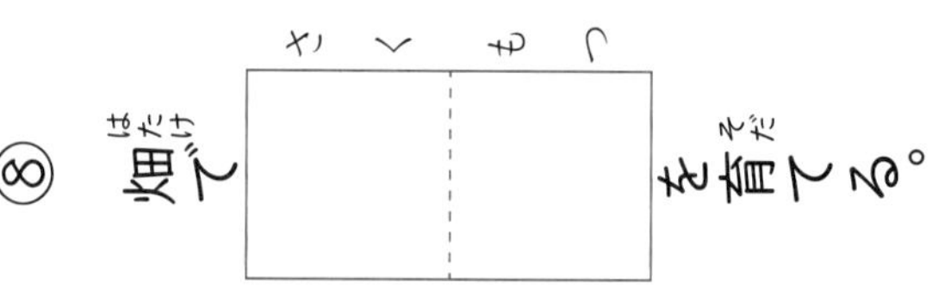

⑧ 畑(はたけ)で（さくもつ）を育(そだ)てる。

ヒント ①②「緑」は、「氺」の形に気をつけましょう。

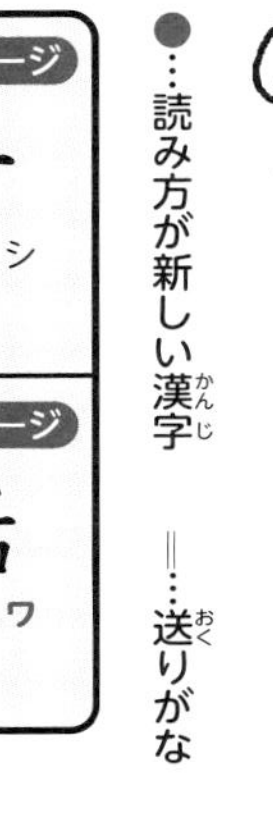

きほんのドリル 4。

すいせんのラッパ (3)
かん字をつかおう1 (1)

書いておぼえよう！

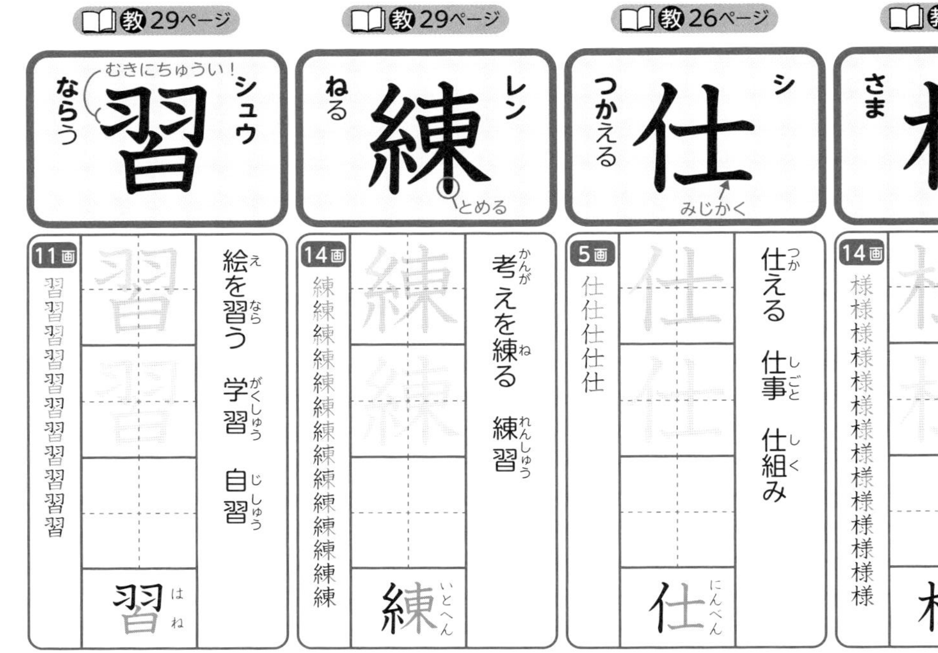

- 教26ページ　様（ヨウ・さま）　14画　王様（おうさま）　神様（かみさま）　様子（ようす）　同様（どうよう）　きへん
- 教26ページ　仕（シ・つかえる）　5画　仕える（つかえる）　仕事（しごと）　仕組み（しくみ）　にんべん
- 教29ページ　練（レン・ねる）　14画　考えを練る（かんがえをねる）　練習（れんしゅう）　いとへん
- 教29ページ　習（シュウ・ならう）　11画　絵を習う（えをならう）　学習（がくしゅう）　自習（じしゅう）　はね

「仕える」を「仕る」と書かないように注意（ちゅうい）！

読んでおぼえよう！

●…読み方が新しい漢字（かんじ）　＝…送（おく）りがな

教26ページ	教28ページ
子　こ　●スシ	語　●ゴ　かたる　かたらう
教27ページ	教29ページ
話　●ワ　はなす　はなし	早　●ソウ　はやい　はやまる　はやめる

1 読みがなを書きましょう。　20点（一つ4）

① 様子（　　）をたしかめる。

② 話の仕方（　　）をかえる。

③ 王に仕（　　）える。

④ おもしろい物語（　　）。

⑤ 歌の練習（　　）をする。

← うらのページにつづくよ！

2 あてはまる漢字を書きましょう。

80点（一つ10）

① 元気な［ようす］にほっとする。

② ［おうさま］のりっぱなひげ。

③ カメラの［し］組みを知る。

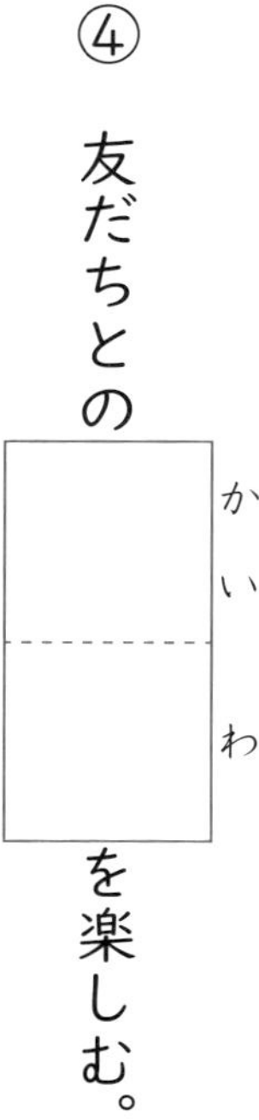

④ 友だちとの［かいわ］を楽しむ。

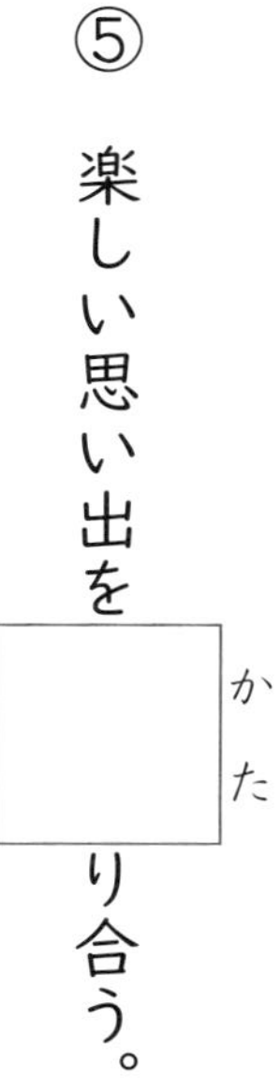

⑤ 楽しい思い出を［かた］り合う。

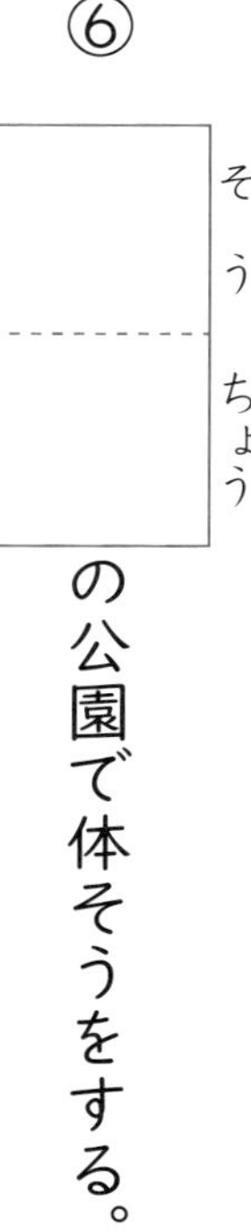

⑥ ［そうちょう］の公園で体そうをする。

⑦ 夏休みの計画を［ね］る。

⑧ 三才のころからピアノを［なら］っている。

ヒント ①②「様」の右側のたてぼうは一回で書きます。

きほんのドリル 5。 かん字をつかおう1 (2)

時間 15分　合かく80点　／100

答え 101ページ　サクッとこたえあわせ

月　日

書いておぼえよう！

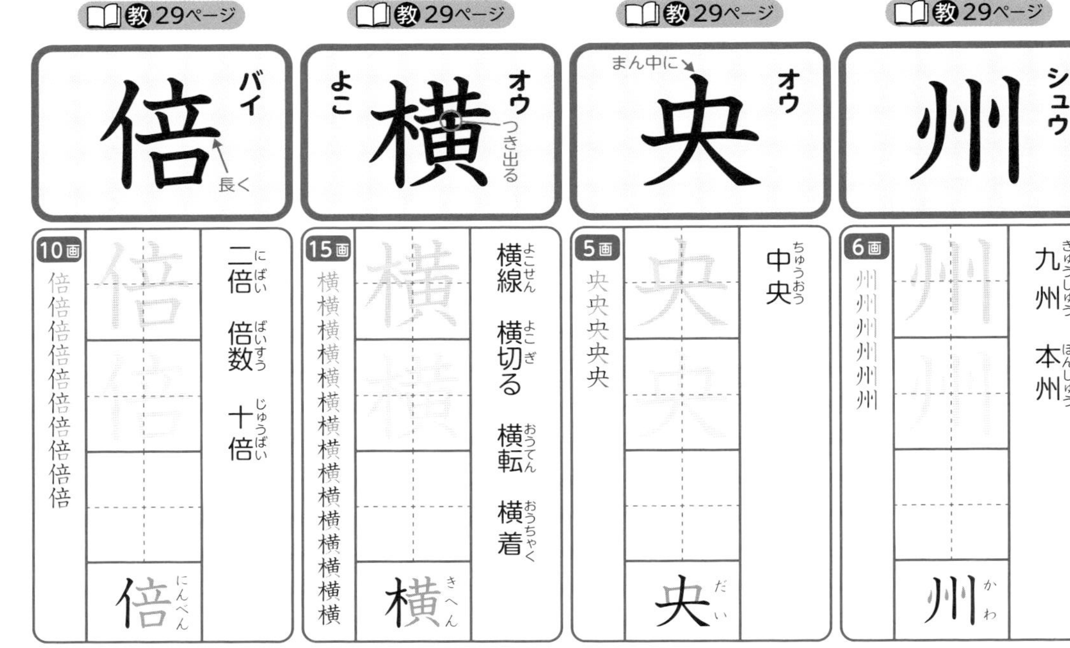

教29ページ　州（シュウ）　6画　州州州州州州　九州（きゅうしゅう）　本州（ほんしゅう）　川（かわ）

教29ページ　央（オウ）まん中に　5画　央央央央央　中央（ちゅうおう）　大（だい）

教29ページ　横（オウ・よこ）つき出る　15画　横横横横横横横横横横横横横横横　横線（よこせん）　横切る（よこぎる）　横転（おうてん）　横着（おうちゃく）　木（きへん）

教29ページ　倍（バイ）長く　10画　倍倍倍倍倍倍倍倍倍倍　二倍（にばい）　倍数（ばいすう）　十倍（じゅうばい）　亻（にんべん）

読んでおぼえよう！

●…読み方が新しい漢字（かんじ）　‖…送り（おく）がな

教29ページ　歩（ホ）　ある‖く

教29ページ　合（ゴウ）　あ‖う　あわ‖す　あわ‖せる

教29ページ　道（ドウ）　みち

1 読みがなを書きましょう。

20点(一つ4)

① 九州（　　）地方の天気。

② 町の中央（　　）。

③ 道を横（　　）だんする。

④ 歩道（　　）をあるく。

⑤ 二倍（　　）の長さのひも。

2 あてはまる漢字（かんじ）を書きましょう。

80点（一つ10）

① 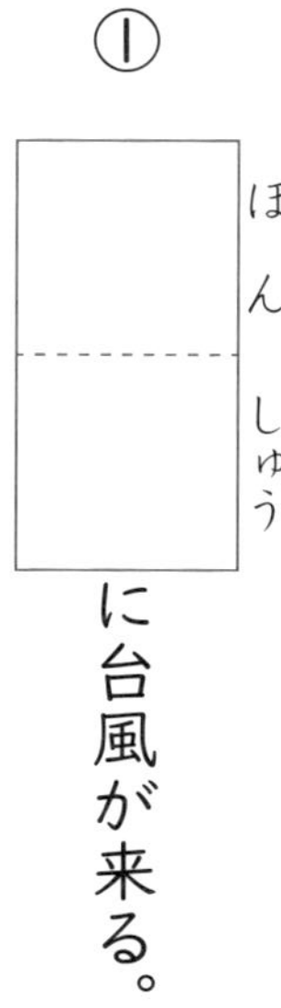（ほんしゅう）に台風が来る。

② アメリカのニューヨーク（しゅう）。

③ グラウンドの（ちゅうおう）に立つ。

④ 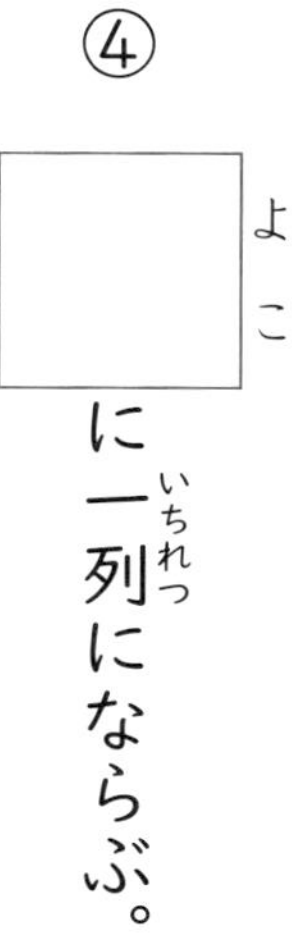（よこ）に一列（いちれつ）にならぶ。

⑤ 強い風にあおられて、車が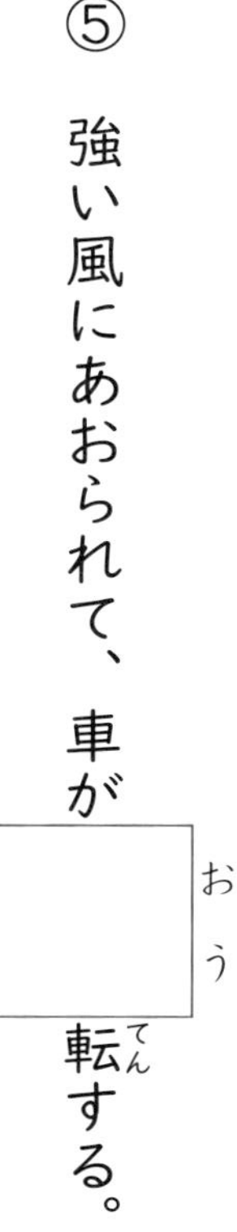（おう）転（てん）する。

⑥ （ほどう）をゆっくりあるく。

⑦ （ごうけい）のねだんを出す。

⑧ （にばい）の大きさのお弁当箱（べんとうばこ）。

ヒント ③「央」の三画目の横ぼうは左右につき出します。形に気をつけましょう。

きほんのドリル 6

図書館へ行こう 国語じてんの使い方 (1)

時間 15分　合かく80点　/100

答え101ページ

月　日

書いておぼえよう！

館（カン・やかた）教30ページ　16画
館館館館館館館館館館館館館館館館
古い館（ふるいやかた）　会館（かいかん）　館長（かんちょう）　開館（かいかん）
しょくへん

事（ジ・こと）教30ページ　8画　出す
事事事事事事事事
仕事（しごと）　物事（ものごと）　火事（かじ）　事実（じじつ）
はねぼう

号（ゴウ）教32ページ　5画　つき出ない
号号号号号
記号（きごう）　番号（ばんごう）　号令（ごうれい）
くち

使（シ・つかう）教36ページ　8画
使使使使使使使使
お使い（おつかい）　使用（しよう）　使者（ししゃ）
にんべん

意（イ）教36ページ　13画　長く
意意意意意意意意意意意意意
意見（いけん）　用意（ようい）　注意（ちゅうい）
こころ

読んでおぼえよう！

●…読み方が新しい漢字　＝…送りがな

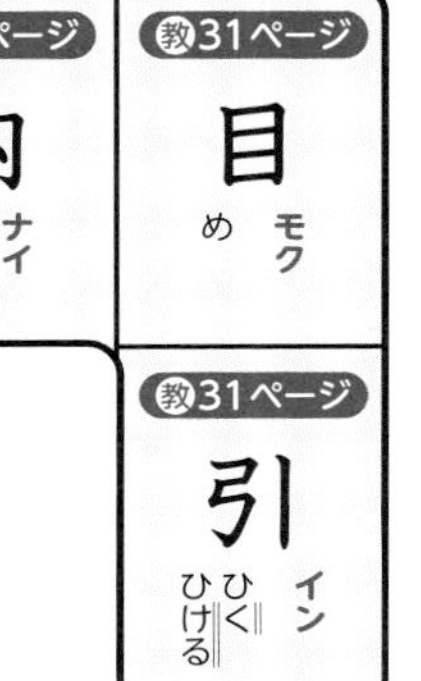

目（モク・め）教31ページ
内（ナイ・うち）教32ページ
引（イン・ひく・ひける）教31ページ

1 読みがなを書きましょう。　20点（一つ4）

① 図書館へ行く。（　　）
② 食事の時間。（　　）
③ 記号で答える。（　　）
④ はさみの使い方。（　　）
⑤ 意見をのべる。（　　）

教科書 上30～37ページ

うらのページにつづくよ！

2 あてはまる漢字(かんじ)を書きましょう。

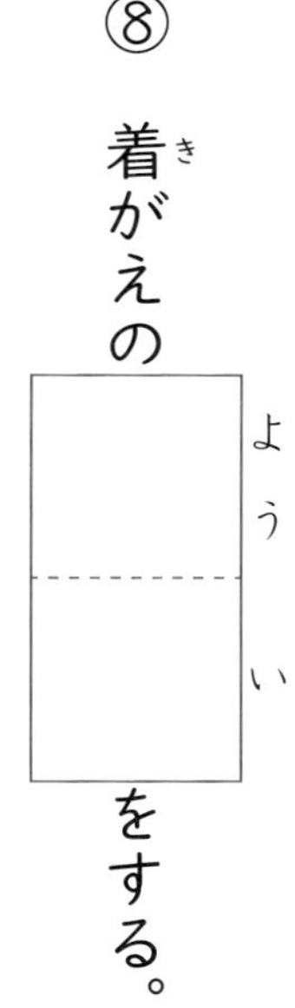

① 森のおくにある古びた□(やかた)。

② □(しごと)を終(お)えて家に帰る。

③ 本の□(もく)次(じ)を読む。

④ さく□(いん)をつかって調(しら)べる。

⑤ □(ない)ようをくわしく説明(せつめい)する。

⑥ 電話□(ばんごう)をたしかめる。

⑦ 赤ちゃんのえがおは□(てんし)のようだ。

⑧ 着(き)がえの□(ようい)をする。

ヒント ⑥「号」は、「口」の下を「万」としないように気をつけましょう。

きほんのドリル 7

国語じてんの使い方 (2)

時間 15分
合かく80点
/100
サクッとこたえあわせ
答え 101ページ
月　日

書いておぼえよう！

教 36ページ
味 ミ　あじ　あじわう
8画　味味味味味味味味
味（くちへん）
味見（あじみ）　味わう（あじわう）　味方（みかた）　意味（いみ）

教 36ページ
漢 カン
13画　漢漢漢漢漢漢漢漢漢漢漢漢漢
漢（さんずい）
漢字（かんじ）　漢語（かんご）　漢文（かんぶん）

教 36ページ
表 ヒョウ　おもて　あらわす　あらわれる
長く
8画　表表表表表表表表
表（ころも）
表とうら（おもてとうら）　表す（あらわす）　表面（ひょうめん）

教 36ページ
調 チョウ　しらべる
15画　調調調調調調調調調調調調調調調
調（ごんべん）
字を調べる（じをしらべる）　調和（ちょうわ）　調子（ちょうし）

教 36ページ
柱 チュウ　はしら
はなす
9画　柱柱柱柱柱柱柱柱柱
柱（きへん）
大きな柱（おおきなはしら）　大黒柱（だいこくばしら）　電柱（でんちゅう）

1 読みがなを書きましょう。
60点（一つ10）

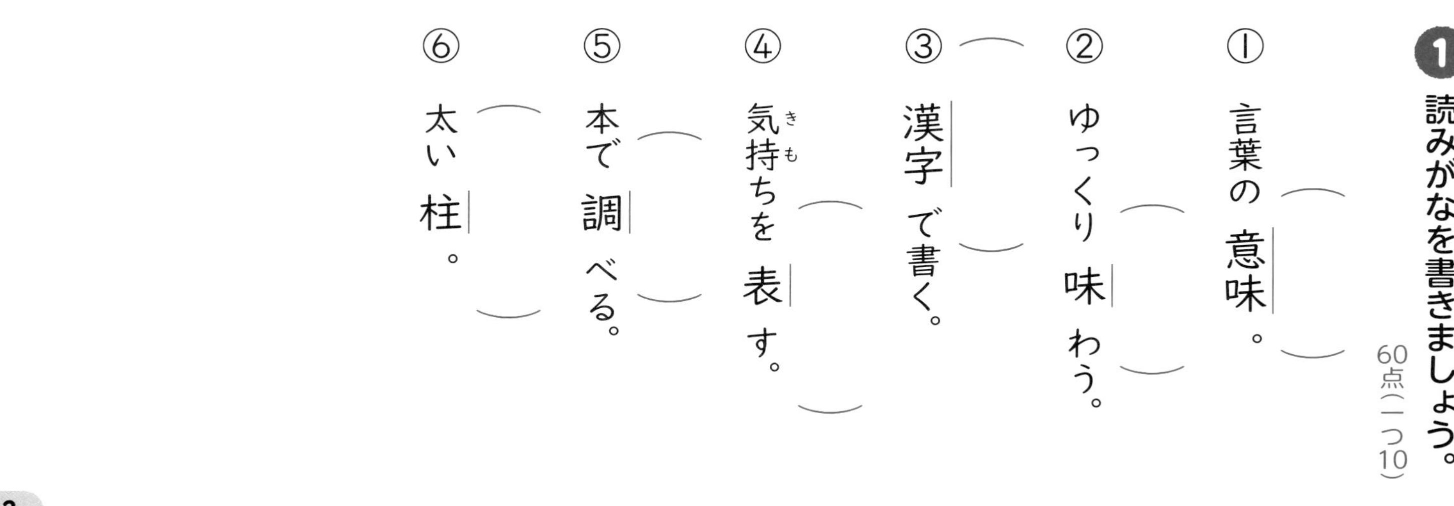

① 言葉の 意味。（　　）
② ゆっくり 味 わう。（　　）
③ 漢字 で書く。（　　）
④ 気持（きも）ちを 表 す。（　　）
⑤ 本で 調 べる。（　　）
⑥ 太い 柱。（　　）

教科書 上 36～37ページ

← うらのページにつづくよ！

2 あてはまる漢字を書きましょう。

40点（一つ5）

① □□（みかた）の選手（せんしゅ）をおうえんする。

② 自分の年れいを□□□（かんすうじ）で書く。

③ 実験（じっけん）のけっかを□（ひょう）にまとめる。

④ □（おもて）の通りに出る。

⑤ 毎日のトレーニングのこうかが□（あらわ）れる。

⑥ つり上げたばかりの魚を□□（ちょうり）する。

⑦ 一家の□□□（だいこくばしら）。

⑧ 新しい□□（でんちゅう）をたてる。

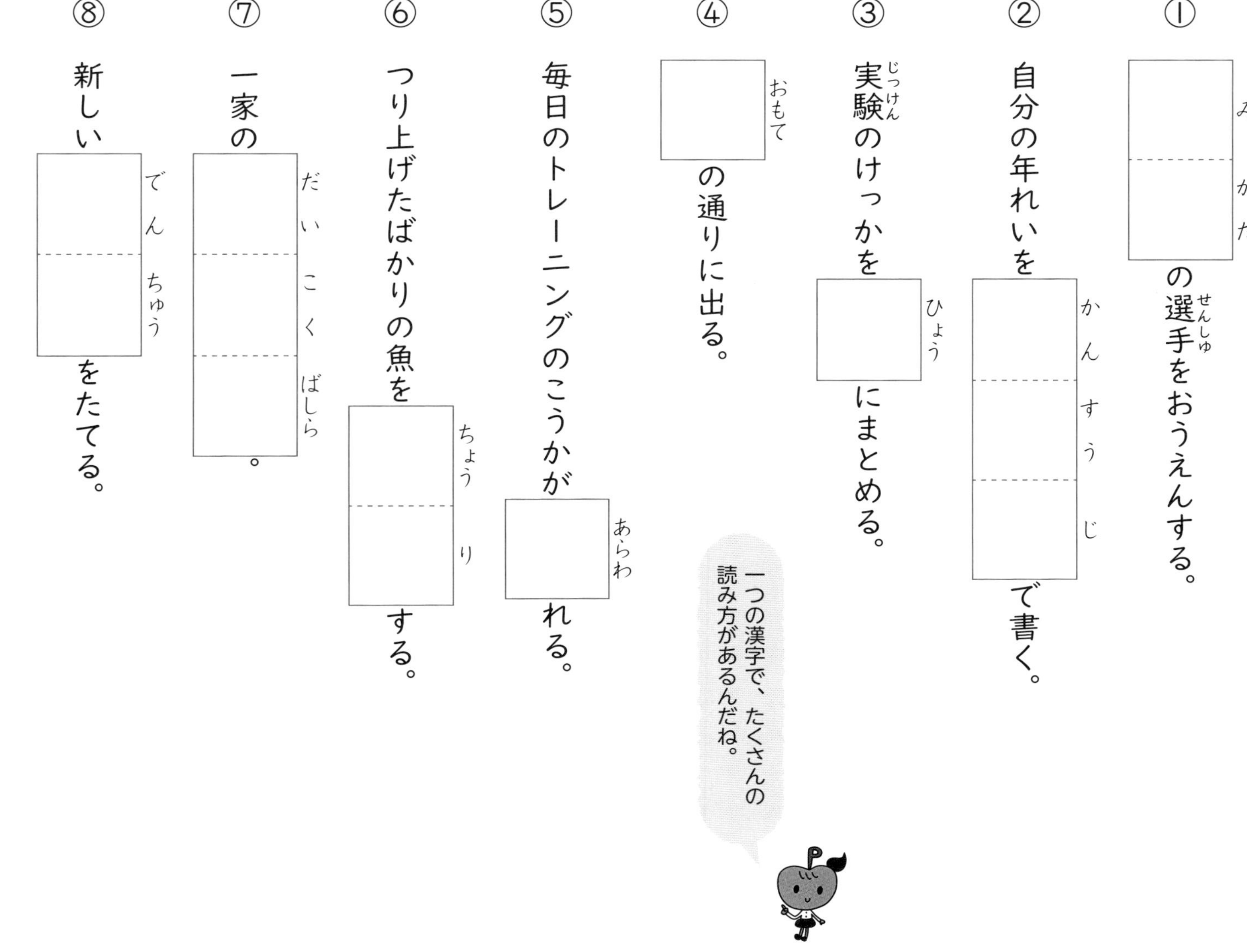

ヒント ①「みかた」は、同じ読み方の「見方」とまちがえないようにしましょう。

月　日

答え 101ページ

サクッとこたえあわせ

時間 15分

合かく80点 ／100

きほんのドリル 8

国語じてんの使い方 (3)
メモを取りながら話を聞こう

書いておぼえよう!

所　ショ　ところ（教 37ページ）8画
台所（だいどころ）　あたたかい所（ところ）　住所（じゅうしょ）
とかんむり・とだれ
所所所所所所所所

取　シュ　とる（教 38ページ）8画（出ない）
手に取る（てにとる）　読み取る（よみとる）　取材（しゅざい）
また
取取取取取取取取

局　キョク（教 39ページ）7画
薬局（やっきょく）　放送局（ほうそうきょく）　テレビ局（きょく）
しかばね・かばね
局局局局局局局

配　ハイ　くばる（教 39ページ）10画（はねる）
新聞を配る（しんぶんをくばる）　心配（しんぱい）　配送（はいそう）
とりへん
配配配配配配配配配配

住　ジュウ　すむ・すまう（教 39ページ）7画（あける）
町に住む（まちにすむ）　住まい（すまい）　住所（じゅうしょ）
にんべん
住住住住住住住

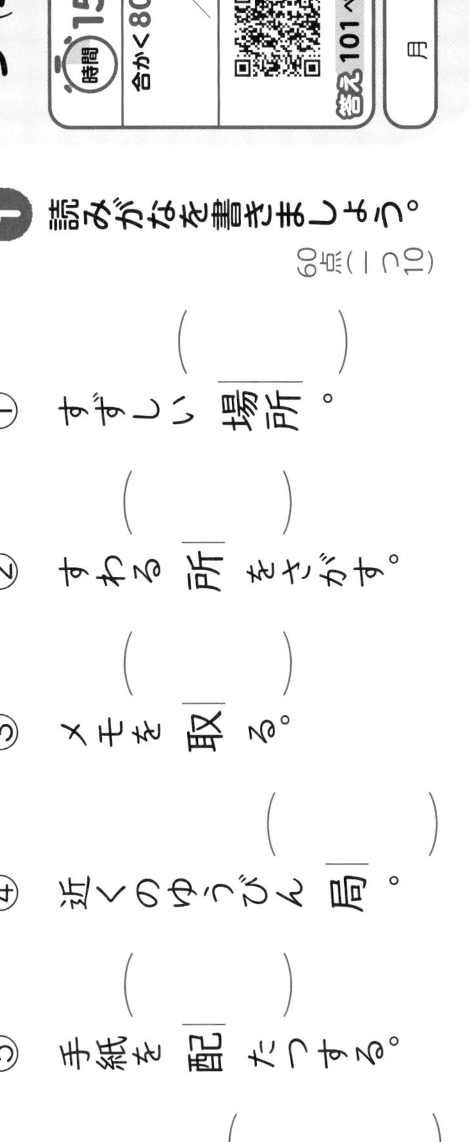

1 読みがなを書きましょう。　60点（一つ10）

① すずしい場所。（　　）
② すわる所をさがす。（　　）
③ メモを取る。（　　）
④ 近くのゆうびん局。（　　）
⑤ 手紙を配たつする。（　　）
⑥ マンションの住人。（　　）

うらのページにつづくよ!

2 あてはまる漢字を書きましょう。

40点（一つ5）

① 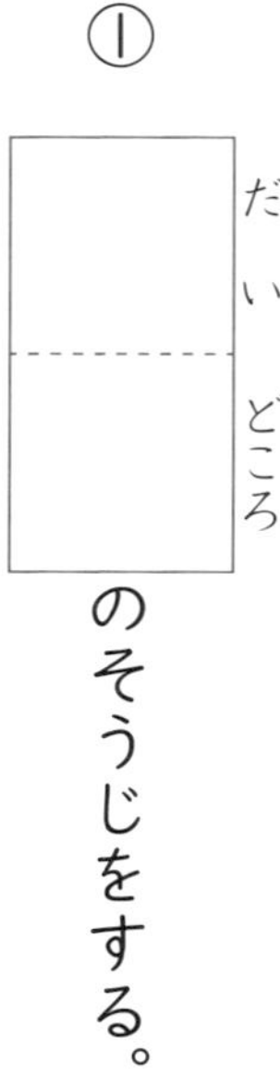［だいどころ］のそうじをする。

② 相手（あいて）チームから［せんしゅてん］をうばう。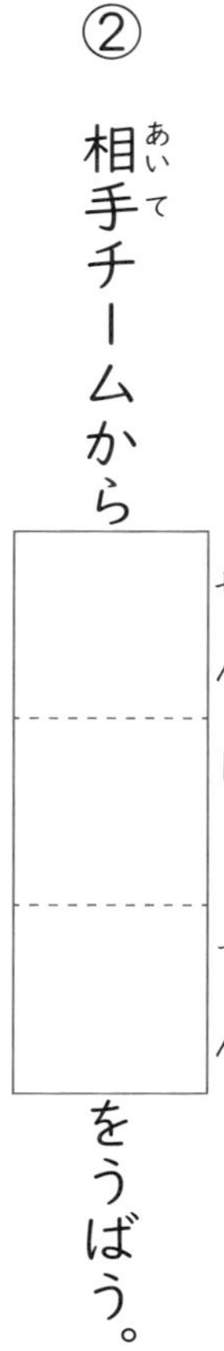

③ ボールを受（う）け［と］る。

④ テレビ［きょく］ではたらく。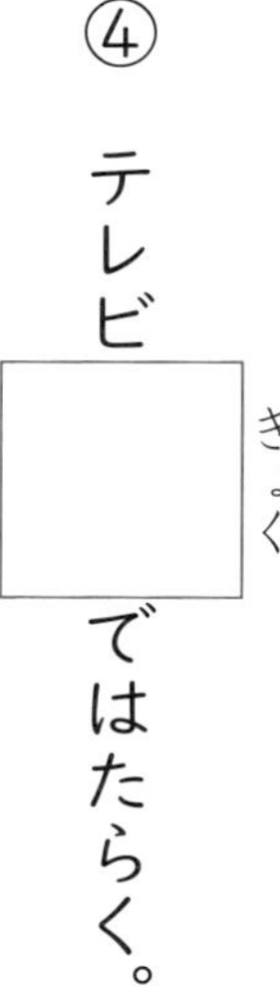

⑤ 明日の天気が［しんぱい］だ。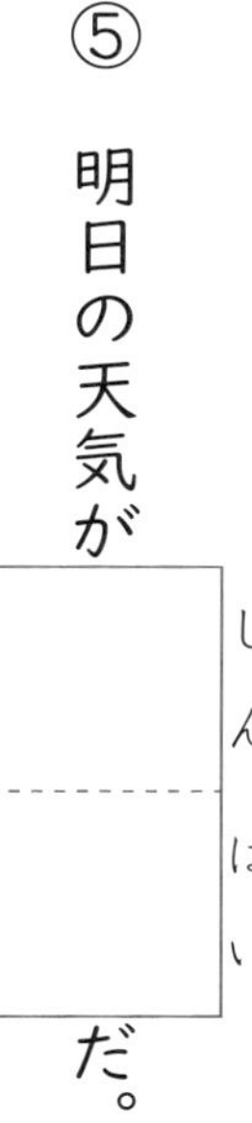

⑥ プレゼントを［くば］る。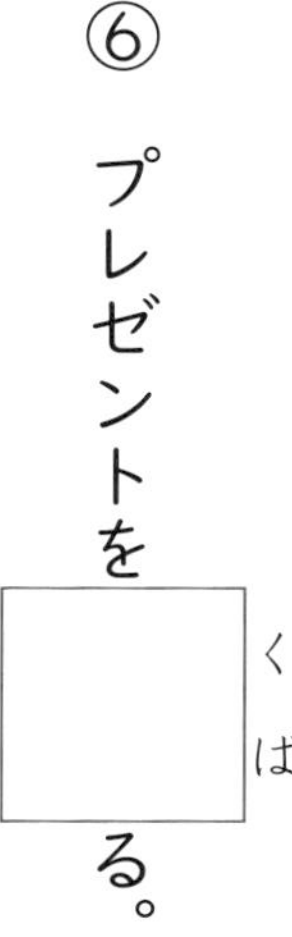

⑦ ［じゅうしょ］と名前を記入する。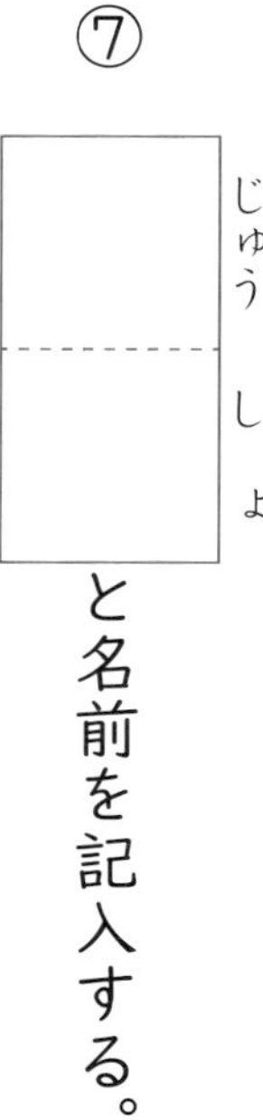

⑧ マンションに［す］む。

ヒント ⑤⑥「配」の左側（ひだりがわ）は、「西」ではなく「酉」です。

すいせんのラッパ～ メモを取りながら話を聞こう

1 漢字の読みがなを書きましょう。　52点（一つ4）

① この紙の 表面 はなめらかだ。

② プリントを一まいずつ 配 る。

③ ていねいなあいさつに 感心 する。

④ 王様 の命令（めいれい）でおふれを出す。

⑤ かばんの中からノートを 取 り出す。

⑥ 今から 図書館 に歩いて 向 かう。

⑦ わからない 言葉 の 意味 を知りたい。

⑧ 中央 公園でサッカーの 練習 をする。

⑨ 横 の長さを 三倍 にすると、九センチメートルになる。

教科書 上16～41ページ

うらのページにつづくよ！

2 あてはまるかんじを書きましょう。〔　〕にはかんじとひらがなを書きましょう。

48点（一つ4）

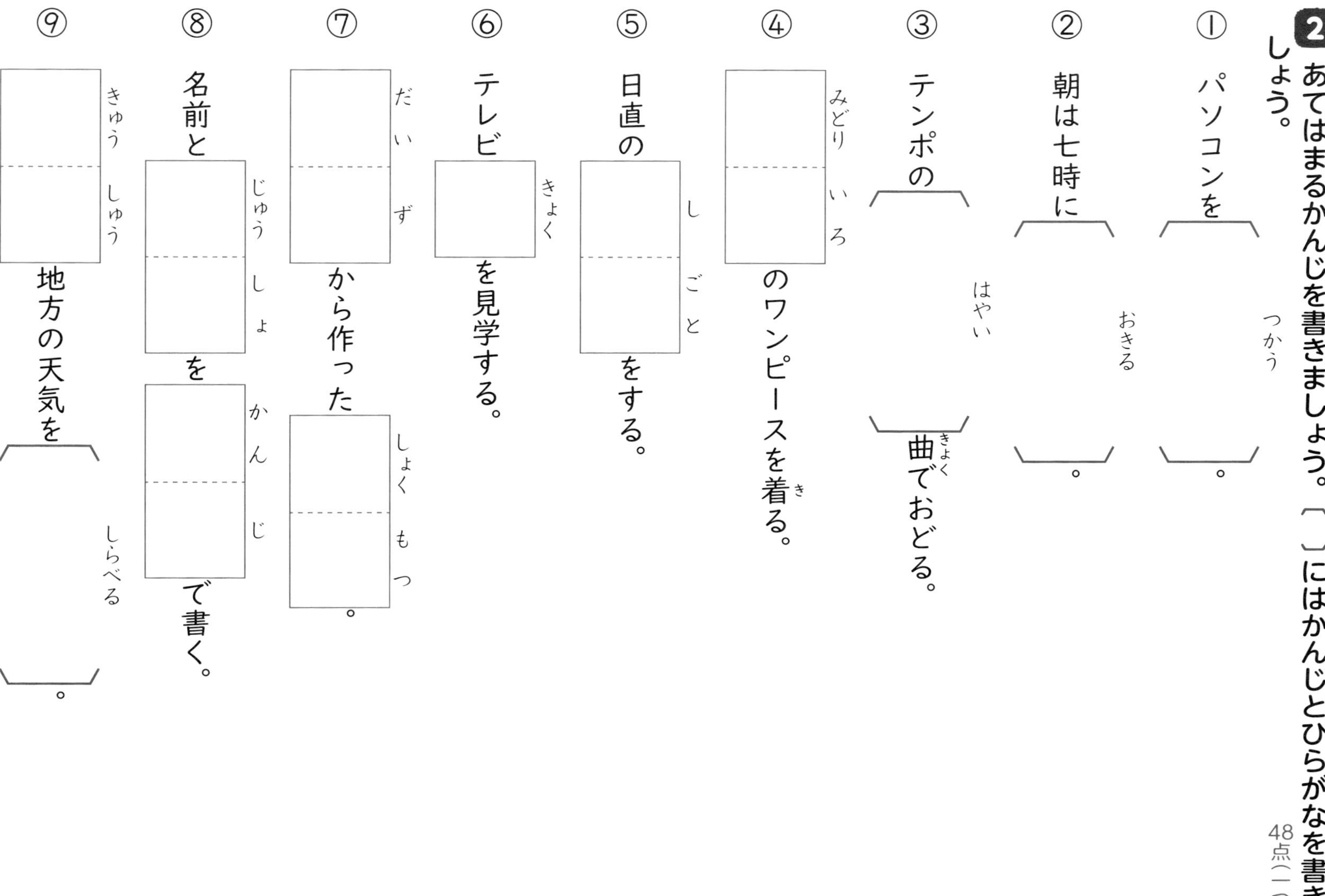

① パソコンを〔（つかう）〕。

② 朝は七時に〔（おきる）〕。

③ テンポの〔（はやい）〕曲でおどる。

④ □□（みどりいろ）のワンピースを着る。

⑤ 日直の□□（しごと）をする。

⑥ テレビ□（きょく）を見学する。

⑦ □□（だいず）から作った□□（しょくもつ）。

⑧ 名前と□□（じゅうしょ）を□□（かんじ）で書く。

⑨ □□（きゅうしゅう）地方の天気を〔（しらべる）〕。

きほんのドリル 10

自然（しぜん）のかくし絵（1）

時間15分　合かく80点　/100

答え101ページ
サクッとこたえあわせ

月　日

書いておぼえよう！

教44ページ
身　シン　み　（出ない）
7画　身身身身身身身
身近（みぢか）　身元（みもと）　身体（しんたい）　全身（ぜんしん）
身（み）

教47ページ
育　イク　そだつ　そだてる　はぐくむ
8画　育育育育育育育育
育（そだ）つ　育（そだ）てる　育（はぐく）む　教育（きょういく）
育（にくづき）

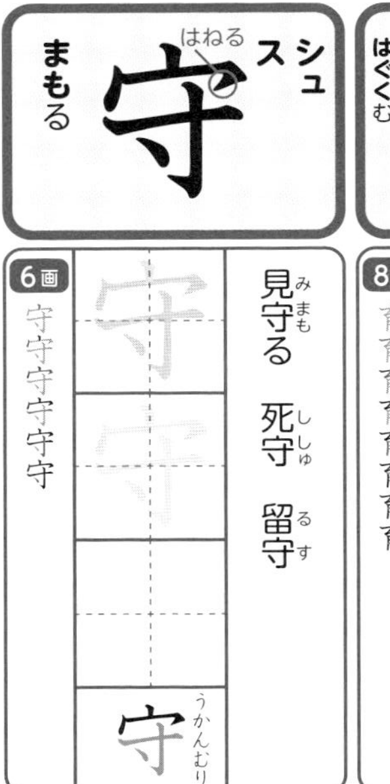
教47ページ
守　シュ　ス　まもる　（はねる）
6画　守守守守守守
見守（みまも）る　死守（ししゅ）　留守（るす）
守（うかんむり）

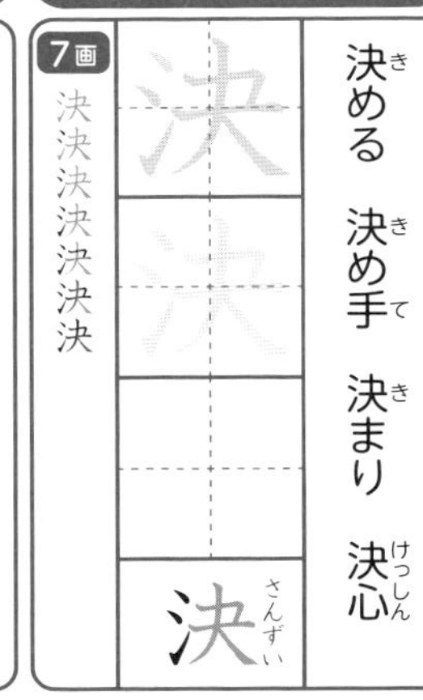
教48ページ
決　ケツ　きめる　きまる
7画　決決決決決決決
決（き）める　決（き）め手（て）　決（き）まり　決心（けっしん）
決（さんずい）

教48ページ
動　ドウ　うごく　うごかす　（はねる）
11画　動動動動動動動動動動動
手（て）が動（うご）く　足（あし）を動（うご）かす　動物（どうぶつ）
動（ちから）

読んでおぼえよう！

●…読み方が新しい漢字

教44ページ
自　シジ

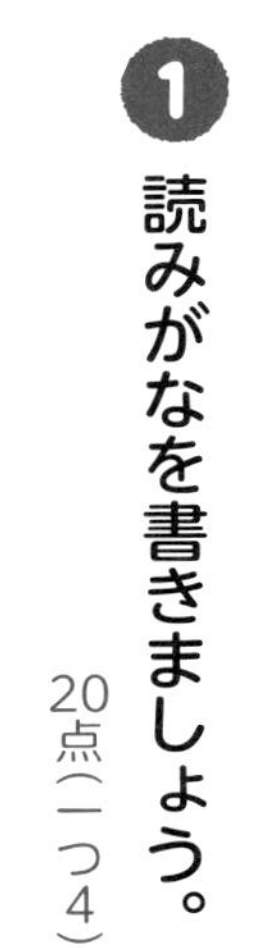

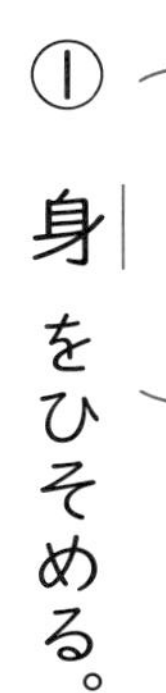

1 読みがなを書きましょう。　20点（一つ4）

① 身（　　）をひそめる。

② 大きく 育（　　）つ。

③ 子どもを 守（　　）る。

④ 日にちが 決（　　）まる。

⑤ クラブ 活動（　　）

教科書 上42～52ページ

うらのページにつづくよ！

2 あてはまる漢字を書きましょう。

80点（一つ10）

① □(し)然(ぜん)にわらいがこみ上げる。

② 弟より□□(しんちょう)が五センチメートル高い。

③ □□(たいいく)の先生にさか上がりを教わる。

④ 二人の友じょうを□(はぐく)む。

⑤ サッカーの□(しゅ)備(び)をかためる。

⑥ 留(る)□(す)番(ばん)電話にメッセージをのこす。

⑦ 毎朝、早起きすると□□(けっしん)する。

⑧ 大きなつくえを□(うご)かす。

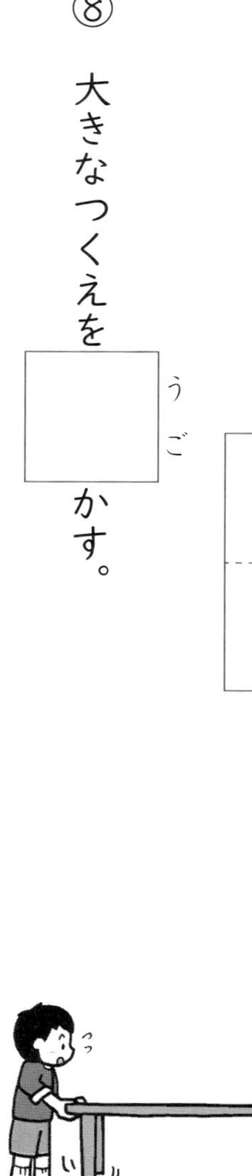

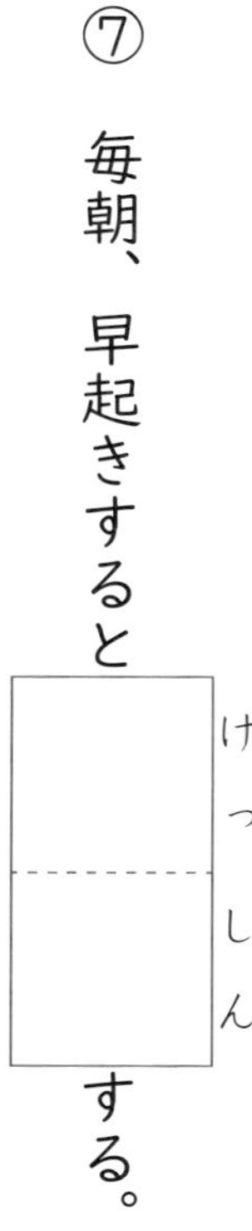

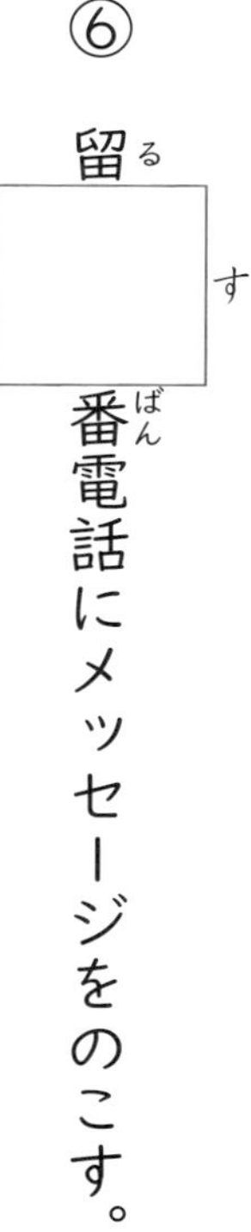

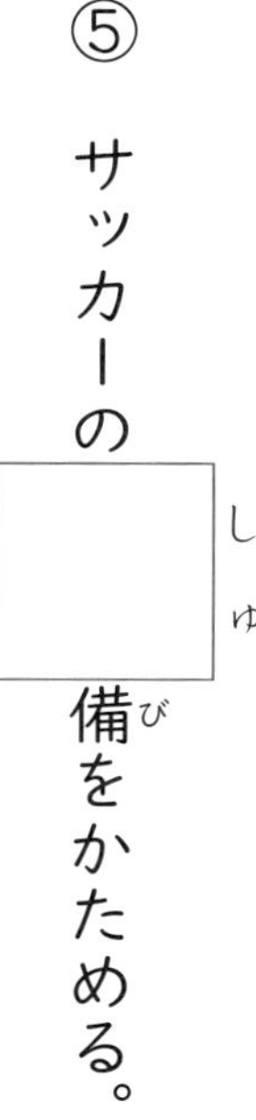

ヒント ⑧「うごかす」は、送(おく)りがなに気をつけましょう。

きほんのドリル 11 自然（しぜん）のかくし絵 (2)

時間 15分　合かく80点　／100

サクッとこたえあわせ　答え 101ページ

月　日

書いておぼえよう！

教49ページ
持（もつ・ジ）　はねる
9画　持持持持持持持持持
持（も）つ　金持（かねも）ち　持続（じぞく）　持参（じさん）
持（てへん）

教50ページ
問（とう・とい・とん・モン）　はねる
11画　問問問問問問問問問問問
考（かんが）えを問（と）う　問屋（とんや）　問題（もんだい）
問（くち）

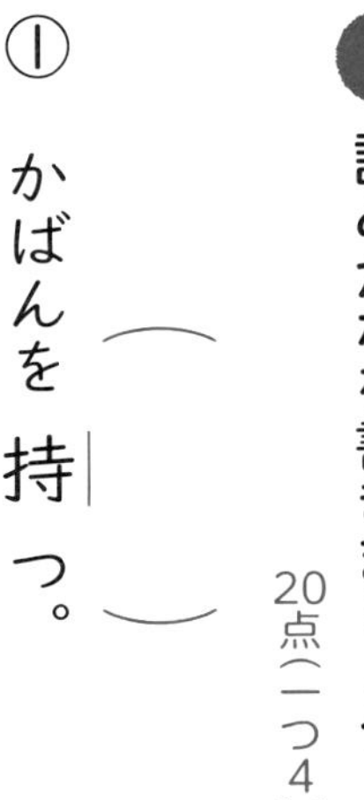

教50ページ
題（ダイ）　長く
18画　題題題題題題題題題題題題題題題題題題
本（ほん）の題名（だいめい）　宿題（しゅくだい）　話題（わだい）
題（おおがい）

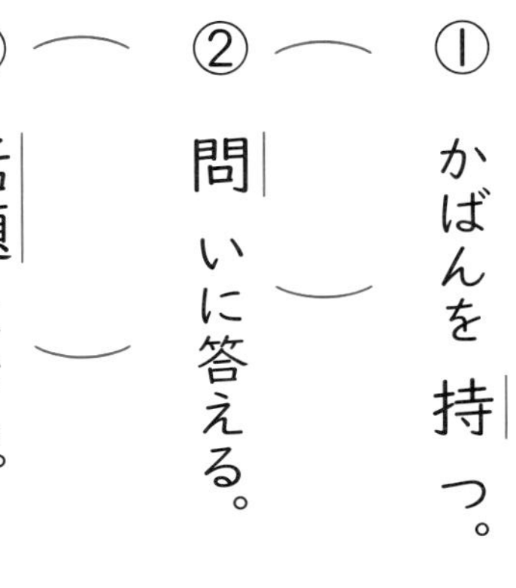

教51ページ
部（ブ）
11画　部部部部部部部部部部部
部分（ぶぶん）　全部（ぜんぶ）　部首（ぶしゅ）
部（おおざと）

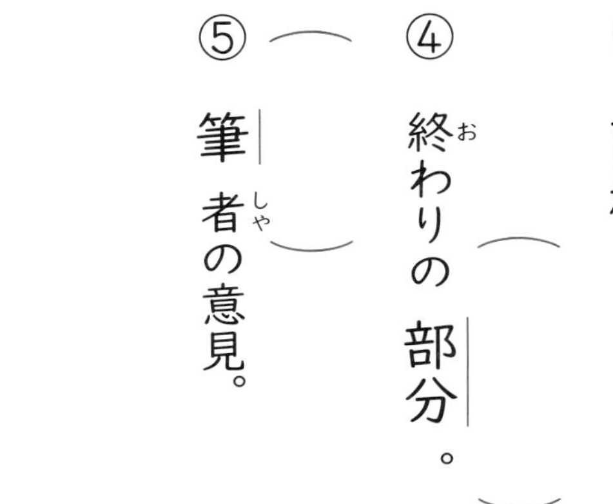

教51ページ
筆（ふで・ヒツ）　長く
12画　筆筆筆筆筆筆筆筆筆筆筆筆
太（ふと）い筆（ふで）　筆先（ふでさき）　毛筆（もうひつ）
筆（たけかんむり）

読んでおぼえよう！

●…読み方が新しい漢字　‖…送（おく）りがな

教49ページ
作（サク・サ・つくる）

1 読みがなを書きましょう。 20点（一つ4）

① かばんを持（　）つ。

② 問（　）いに答える。

③ 話題（　）になる。

④ 終（お）わりの部分（　）。

⑤ 筆（　）者（しゃ）の意見。

←うらのページにつづくよ！

2 あてはまる漢字を書きましょう。

80点（一つ10）

① 同じ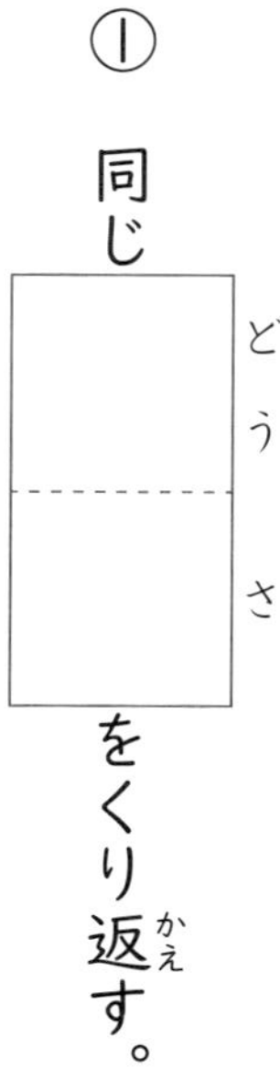をくり返す。（どうさ）

② 姉は、学生証を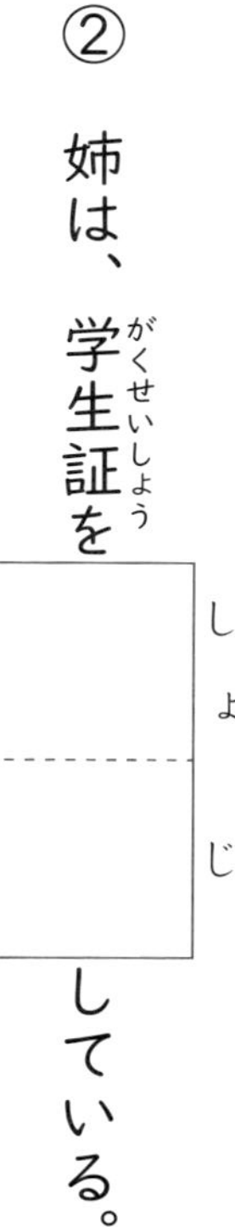している。（しょじ）

③ 落とし物の□ち主をさがす。（も）

④ 自分の心に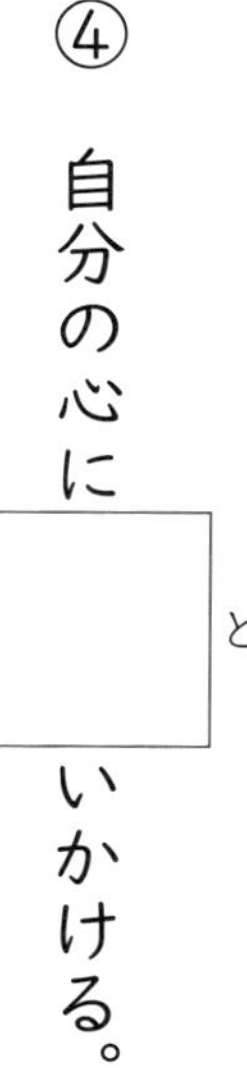いかける。（と）

⑤ むずかしい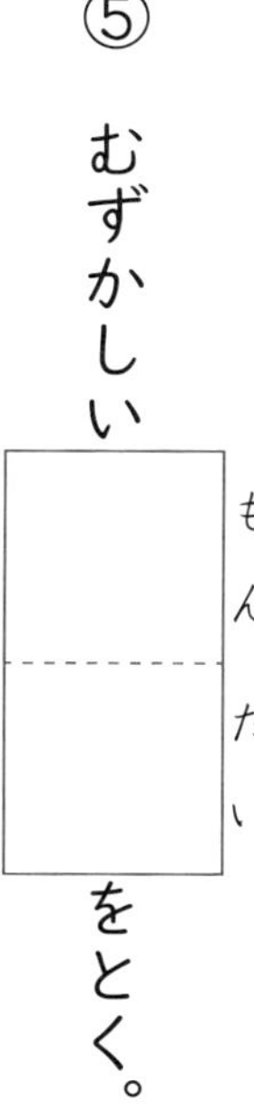をとく。（もんだい）

「所持」は、身につけて持っているという意味だよ。

⑥ サッカー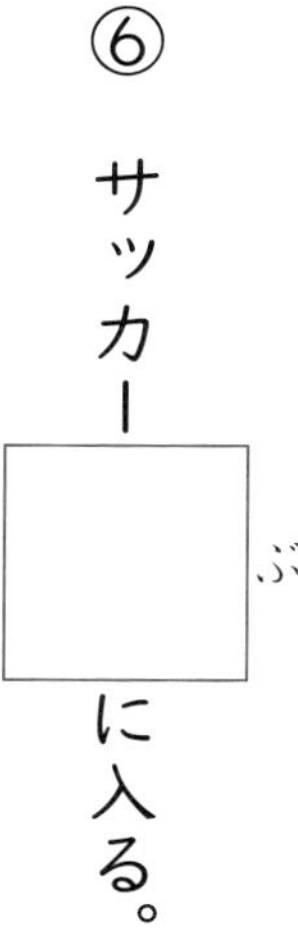に入る。（ぶ）

⑦ 用具を買いに行く。（ひっき）

⑧ 使った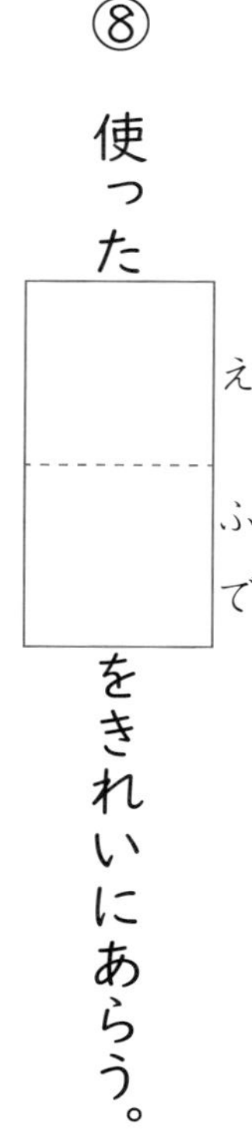をきれいにあらう。（えふで）

ヒント ④⑤「問」は、「口」をわすれないようにしましょう。

きほんのドリル 12。

自然（しぜん）のかくし絵　漢字を使おう2 (1)(3)

時間15分　合かく80点　/100

サクッとこたえあわせ　答え102ページ

月　日

書いておぼえよう！

者（教51ページ）　シャ　もの　（ななめ）
8画　者者者者者者者者
悪者（わるもの）　働き者（はたらきもの）　筆者（ひっしゃ）　記者（きしゃ）
者　おいかんむり　おいがしら

都（教53ページ）　ツ　ト　みやこ　（出る）
11画　都都都都都都都都都都都
花の都（はなのみやこ）　都会（とかい）　都合（つごう）
都　おおざと

氷（教53ページ）　ヒョウ　こおり　（あける）
5画　氷氷氷氷氷
氷水（こおりみず）　かき氷（ごおり）　氷山（ひょうざん）
氷　みず

泳（教53ページ）　エイ　およぐ　（まげる）
8画　泳泳泳泳泳泳泳泳
海で泳ぐ（うみでおよぐ）　平泳ぎ（ひらおよぎ）　水泳（すいえい）
泳　さんずい

有（教53ページ）　ユウ　ある　（はねる）
6画　有有有有有有
有る（ある）　有り金（ありがね）　有名（ゆうめい）
有　つき

読んでおぼえよう！

●…読み方が新しい漢字

山（教53ページ）　サン　やま
形（教53ページ）　ケイ　かた　かたち

1 読みがなを書きましょう。　20点（一つ4）

① 物語の作者。（　　）
② 都へ向かう。（　　）
③ 氷をコップに入れる。（　　）
④ プールで泳ぐ。（　　）
⑤ 有名な音楽家。（　　）

うらのページにつづくよ！

2 あてはまる漢字を書きましょう。

80点（一つ10）

① 動物園の［にんきもの］。

② ［とかい］からはなれてくらす。

③ みんなの［つごう］のよい日をたずねる。

④ 北極（ほっきょく）の［ひょうざん］。

⑤ 自由（ゆう）［がた］の選手（せんしゅ）。

⑥ おさないころから［すいえい］が得意（とくい）だ。

⑦ 多くの絵を［しょゆう］する大金持ち。

⑧ ［あ］り金をはたいてゲームを買う。

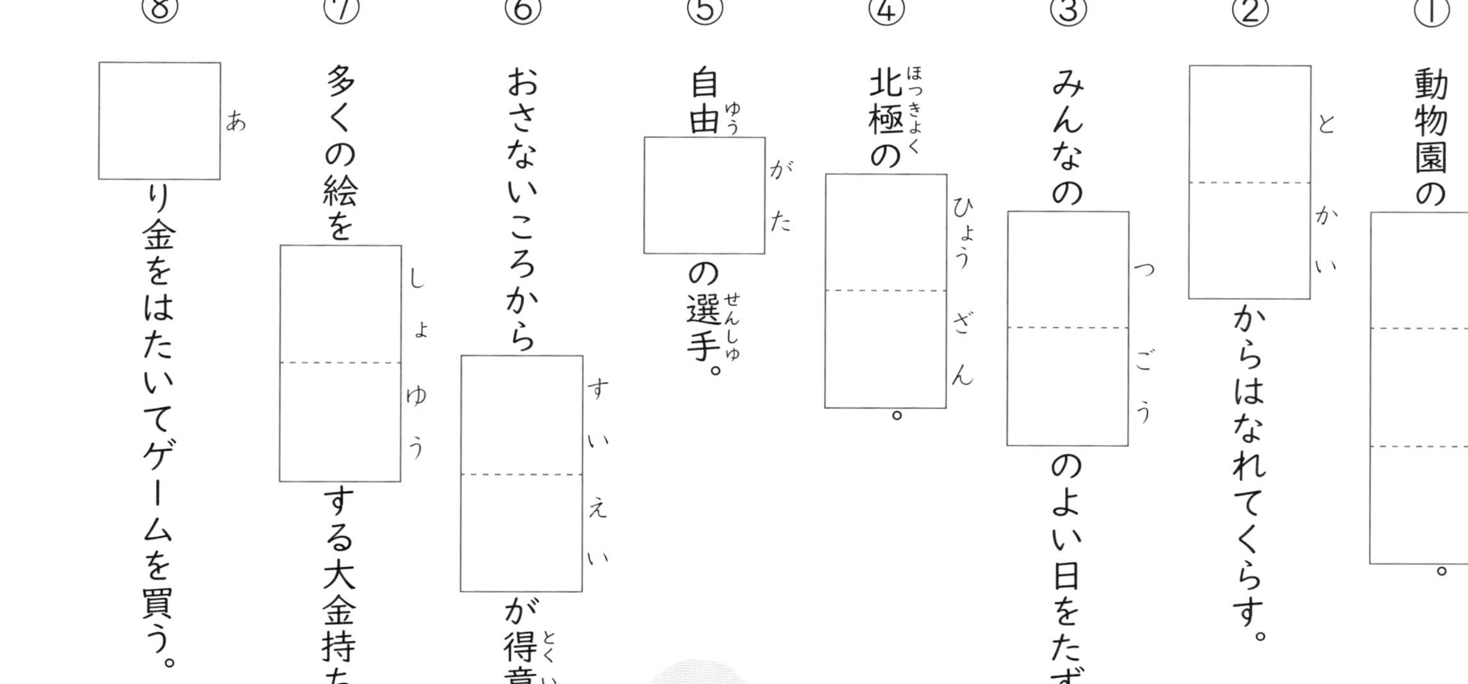

ヒント ④「氷」と、⑥「泳」の「永」の形のちがいに気をつけましょう。

きほんのドリル 13。

漢字を使おう2 (2) 全体と中心

時間 15分　合かく80点　／100

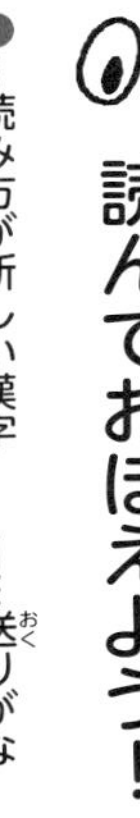
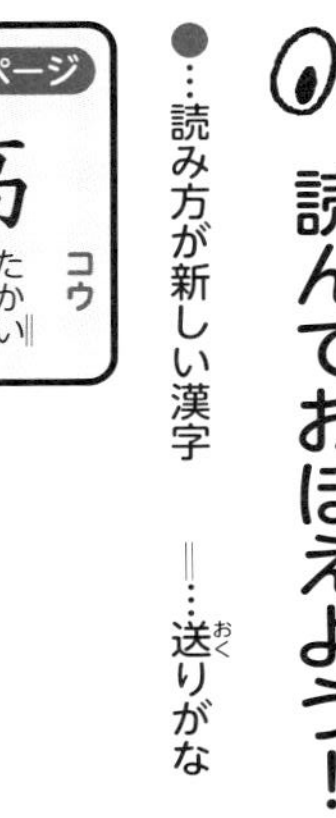

答え 102ページ　月　日

書いておぼえよう！

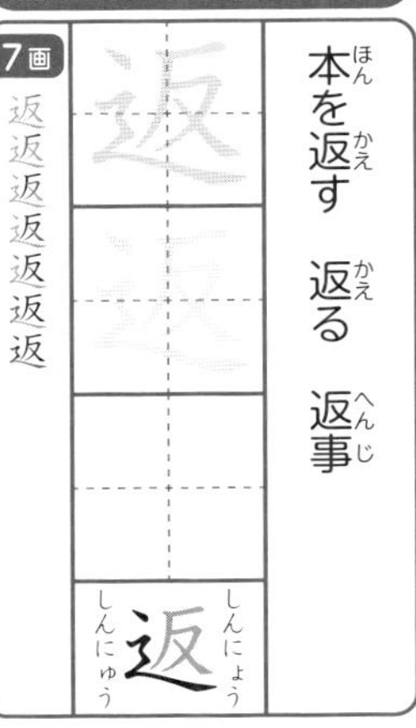

返（教53ページ）　ヘン　かえす　かえる　7画
返返返返返返返
本を返す（ほん・かえ）　返る（かえ）　返事（へんじ）　返（しんにょう）

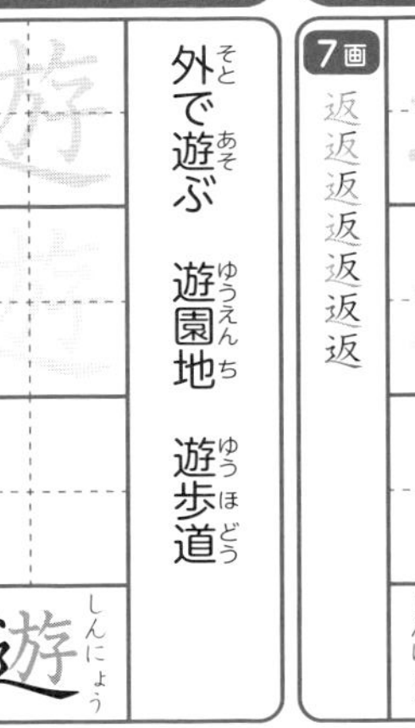

遊（教53ページ）　ユウ　あそぶ　12画　はねる
遊遊遊遊遊遊遊遊遊遊遊遊
外で遊ぶ（そと・あそ）　遊園地（ゆうえんち）　遊歩道（ゆうほどう）　遊（しんにょう）

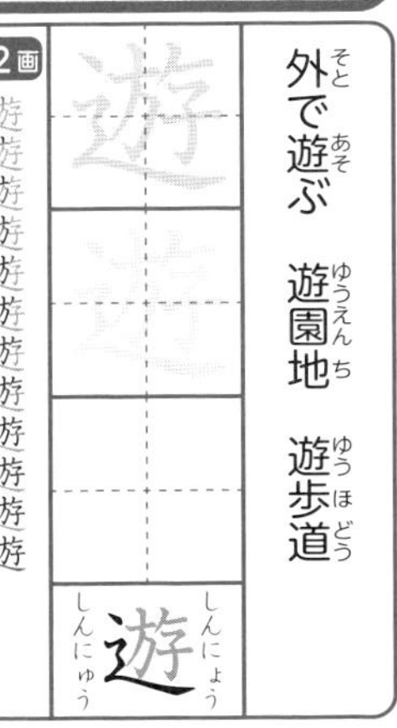

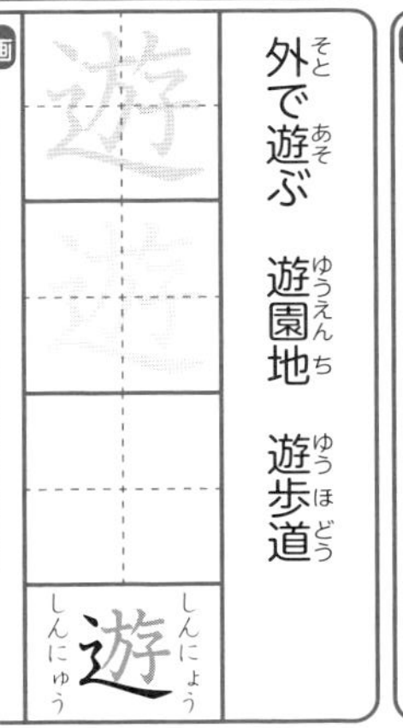

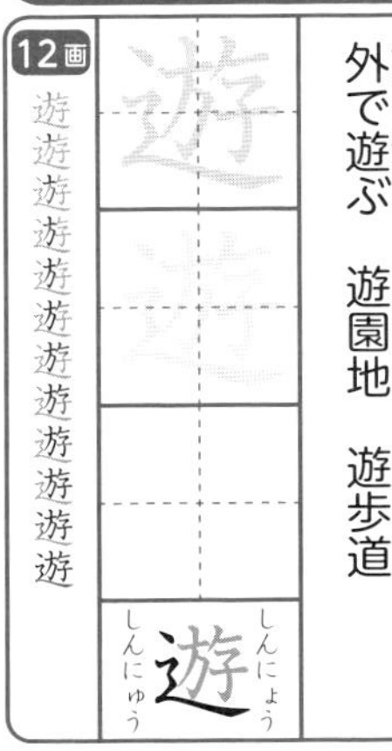

開（教53ページ）　カイ　ひらく　ひらける　あく　あける　12画
開開開開開開開開開開開開
開く（ひら）　開く（あ）　開ける（あ）　開門（かいもん）　開（もんがまえ）

全（教54ページ）　ゼン　すべて　まったく　6画
全全全全全全
全く（まった）　全て（すべ）　全然（ぜんぜん）　全体（ぜんたい）　全（いる）

読んでおぼえよう！

●…読み方が新しい漢字　‖…送りがな

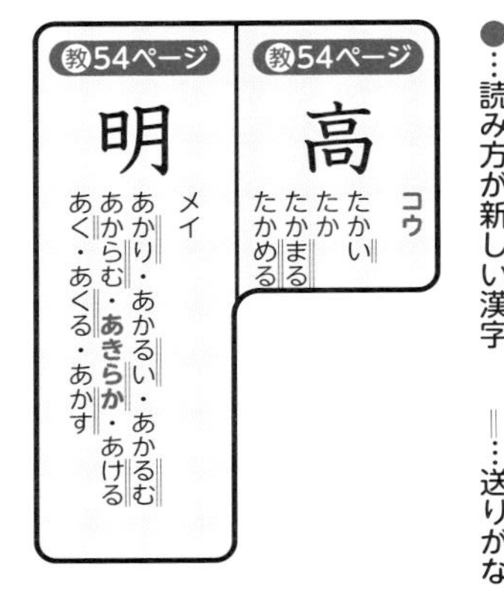

高（教54ページ）　コウ　たかい　たか　たかまる　たかめる

明（教54ページ）　メイ　あかり・あかるい・あかるむ　あからむ・**あきらか**・あける　あく・あくる・あかす

1 読みがなを書きましょう。　20点（一つ4）

① 返事をする。（　　）

② 妹と遊ぶ。（　　）

③ とびらを開く。（　　）

④ 全体を見わたす。（　　）

⑤ 最高（さい）におもしろい。（　　）

うらのページにつづくよ！

教科書 上53～55ページ

2 あてはまる漢字を書きましょう。

80点（一つ10）

① くり［かえ］して話す。

② ［ゆうえんち］のジェットコースター。

③ オリンピックの［かいかい］式（しき）。

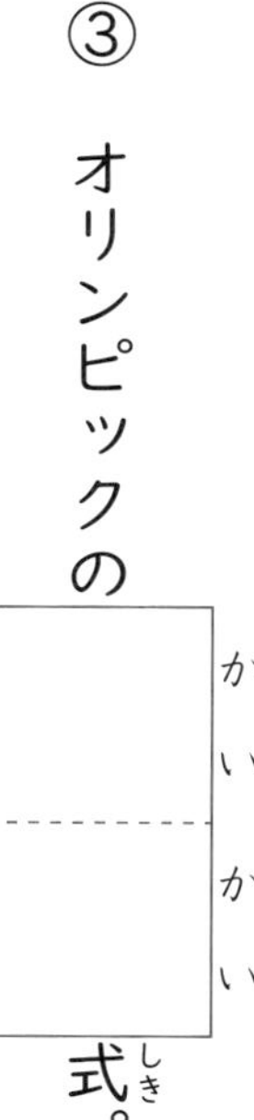

④ 朝、まどを［あ］ける。

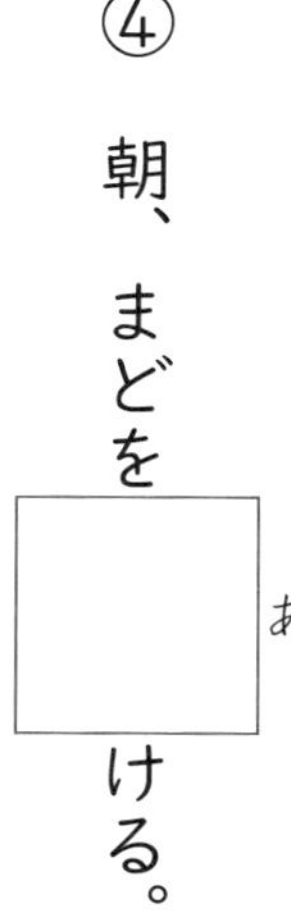

⑤ ［まった］くのぐうぜんが重（かさ）なる。

⑥ ［すべ］ての答えが分かる。

⑦ 兄は［こうこう］に入学したばかりだ。

⑧ なぞが［あき］らかになる。

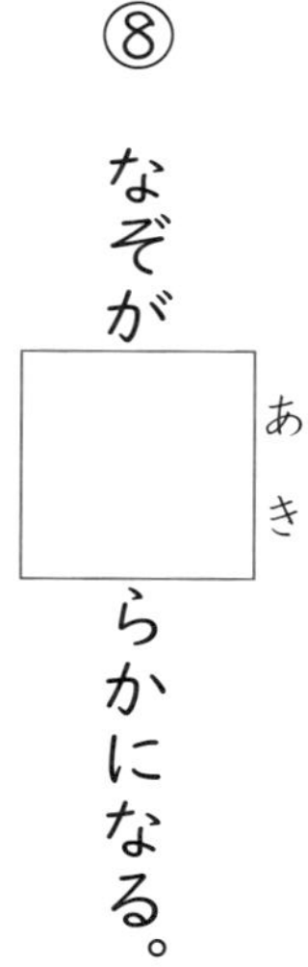

「開会」はどちらも同じ読みの漢字だね。順番（じゅんばん）に注意（ちゅうい）しよう。

ヒント ⑤⑥「全」の「王」を、「土」や「工」とまちがえないようにしましょう。

きほんのドリル 14。

「わたし」の説明文を書こう (1)

月　日

書いておぼえよう！

始（教57ページ）
シ
はじめる　はじまる
8画
始始始始始始始始
げきを始(はじ)める　始(はじ)まる　開始(かいし)
おんなへん

係（教57ページ）
ケイ
かかる　かかり
ななめ
9画
係係係係係係係係係
係(かか)る　図書係(としょがかり)　関係(かんけい)
にんべん

世（教57ページ）
セイ　セ
よ
5画
世世世世世
世(よ)の中(なか)　中世(ちゅうせい)　世界(せかい)　世話(せわ)
いち

終（教57ページ）
シュウ
おわる　おえる
11画
終終終終終終終終終終終
終(お)わる　終(お)える　終日(しゅうじつ)
いとへん

苦（教58ページ）
ク
くるしい　くるしむ　くるしめる　にがい　にがる
8画
苦苦苦苦苦苦苦苦
苦(くる)しい　苦(くる)しむ　苦(にが)い　苦心(くしん)
くさかんむり

読んでおぼえよう！

●…読み方が新しい漢字　＝…送(おく)りがな

教57ページ	教58ページ
力 リョク ちから	考 コウ かんがえる

1 読みがなを書きましょう。　20点（一つ4）

① 話し合いを 始 める。（　　）
② 図書係 をする。（　　）
③ 犬の 世話 をする。（　　）
④ 試合(しあい)が 終 わる。（　　）
⑤ 苦手 な食べ物。（　　）

← うらのページにつづくよ！

❷ あてはまる漢字を書きましょう。

80点（一つ10）

① □□（ぜんりょく）でゴールまで走る。

② テストの□□（かいし）時間が近づく。

③ 水に関（かん）□（けい）のある漢字。

④ □（よ）の中の仕組みを学習する。

⑤ 電車が□□（しゅうてん）に着（つ）く。

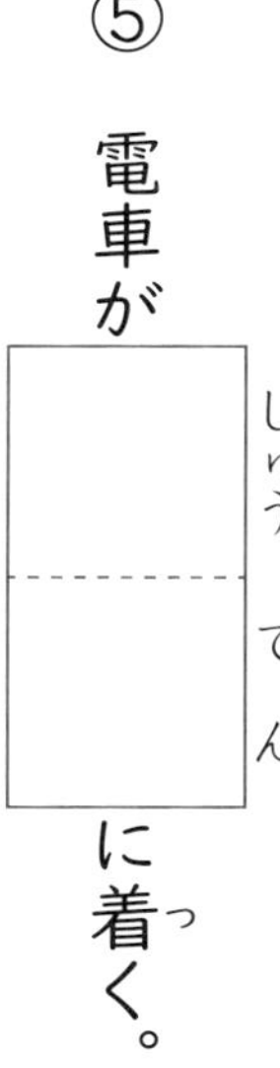

⑥ 友だちのアドバイスを参（さん）□（こう）にする。

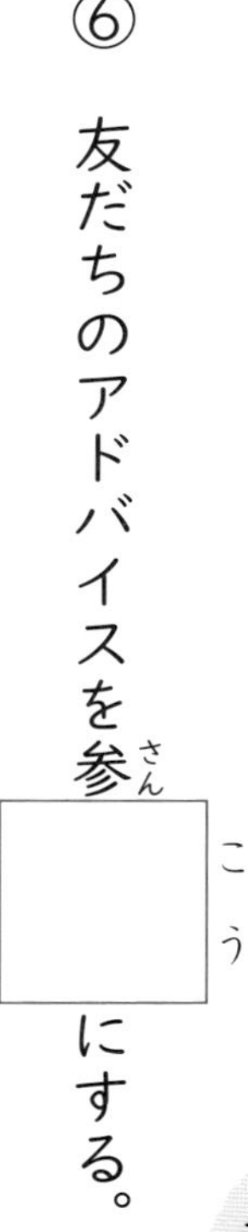

⑦ □□（くしん）して、ジグソーパズルをかんせいさせる。

⑧ 長いきょりを走ったので、息（いき）が□（くる）しい。

「終点」は、電車などが最後（さいご）に着く駅（えき）のことだよ。

ヒント ④「世」の筆順（ひつじゅん）に気をつけましょう。

きほんのドリル 15。

「わたし」の説明文を書こう (2)
漢字の表す意味 (1)

時間 15分　合かく80点　/100

答え 102ページ

月　日

書いておぼえよう！

族（教58ページ） ゾク
11画　家族（かぞく）　一族（いちぞく）　民族（みんぞく）
族（かたへん・ほうへん）

章（教59ページ） ショウ　長く
11画　文章（ぶんしょう）　記章（きしょう）　楽章（がくしょう）
章（たつ）

曲（教62ページ） キョク　まがる　まげる
6画　曲がる（まがる）　曲げる（まげる）　名曲（めいきょく）
曲（ひらび・いわく）

板（教62ページ） ハン　バン　いた
8画　木の板（きのいた）　鉄板（てっぱん）　黒板（こくばん）
板（きへん）

品（教62ページ） ヒン　しな　大きく
9画　品物（しなもの）　手品（てじな）　作品（さくひん）　上品（じょうひん）
品（くち）

読んでおぼえよう！

●…読み方が新しい漢字　＝…送りがな

歌（教62ページ） カ　うた　うた＝う

1 読みがなを書きましょう。 20点（一つ4）

① 家族（　　）で出かける。
② 文章（　　）のまとまり。
③ 作曲（　　）をする。
④ 黒板（　　）をそうじする。
⑤ すぐれた 作品（　　）。

うらのページにつづくよ！

教科書 上56～63ページ

② あてはまる漢字を書きましょう。

80点（一つ10）

①人気のある（すいぞくかん）。

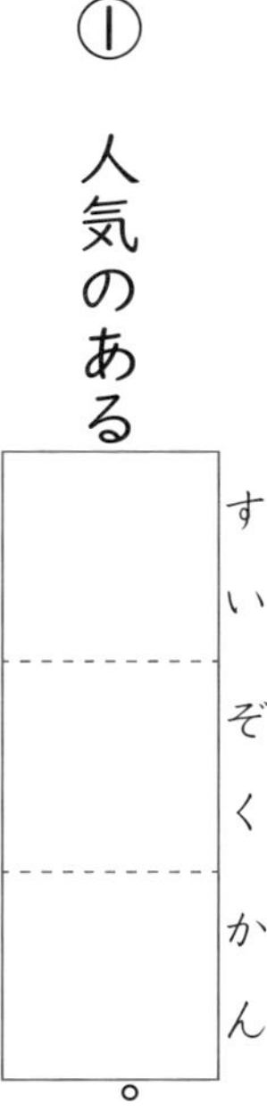

②長い（ぶんしょう）をすらすらと読む。

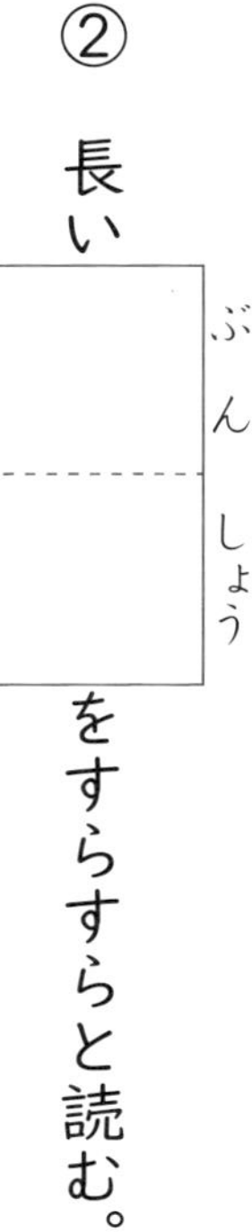

③（こうか）を練習する。

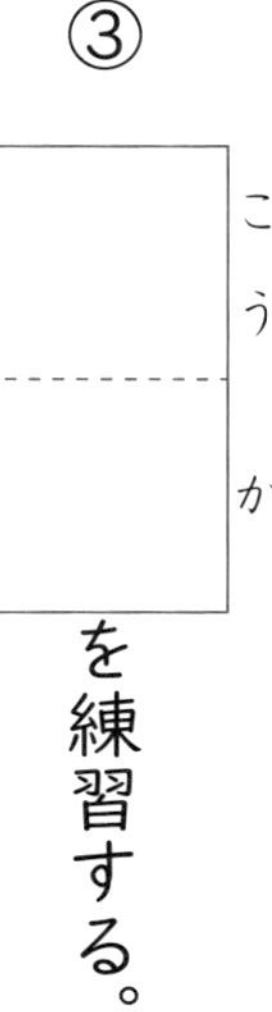

④（きょくせん）と直せんでえがいた模様（もよう）。

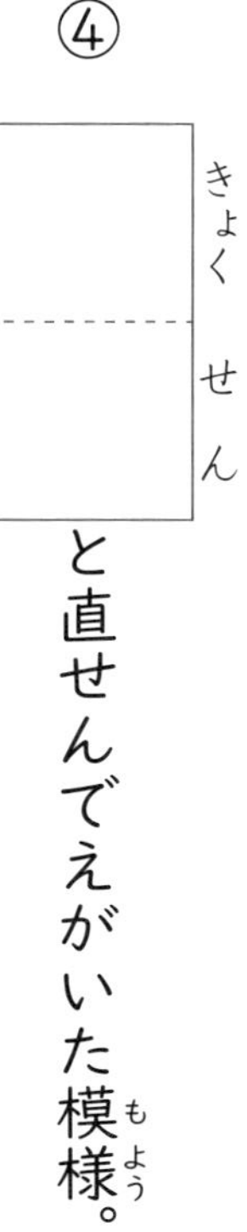

⑤交番の前の道を右に（ま）がる。

⑥木の（いた）をかべに立てかける。

⑦おもちゃの（ぶひん）を集（あつ）める。

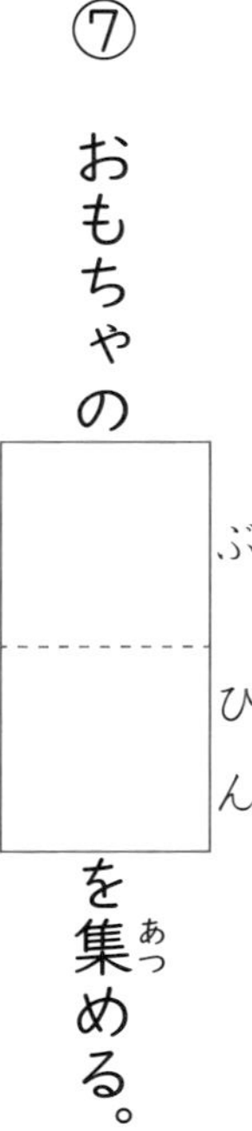

⑧友だちの前で（てじな）をする。

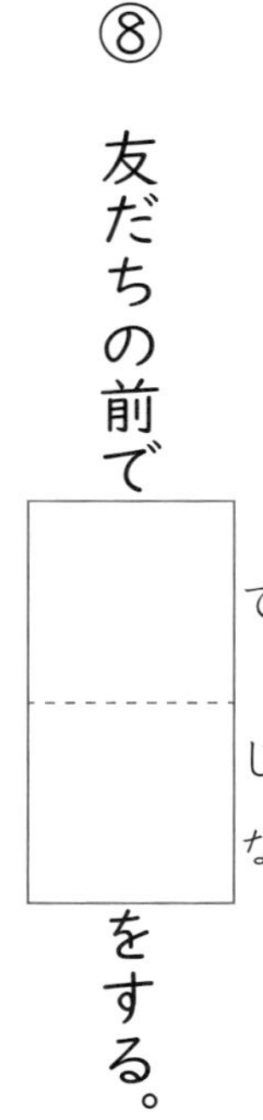

「族」の「⺈」を書きわすれないでね。

ヒント ④⑤「曲」の三・四画目のたてぼうは、上につき出しましょう。

きほんのドリル 16。

漢字の表す意味 (2)

時間 15分　合かく80点　／100

答え 102ページ

月　日

書いておぼえよう！

教63ページ
皿（さら）まん中
5画　皿皿皿皿皿
大きな皿（おおきなさら）　小皿（こざら）
皿（さら）

教63ページ
委（イ・ゆだねる）長く
8画　委委委委委委委委
委ねる（ゆだねる）　委員（いいん）　委細（いさい）
委（おんな）

教63ページ
員（イン）
10画　員員員員員員員員員員
社員（しゃいん）　定員（ていいん）　全員（ぜんいん）
員（くち）

教63ページ
発（ハツ）はねる
9画　発発発発発発発発発
発明（はつめい）　発行（はっこう）　開発（かいはつ）
発（はつがしら）

教63ページ
島（トウ・しま）はねる
10画　島島島島島島島島島島
日本の島（にほんのしま）　島国（しまぐに）　半島（はんとう）
島（やま）

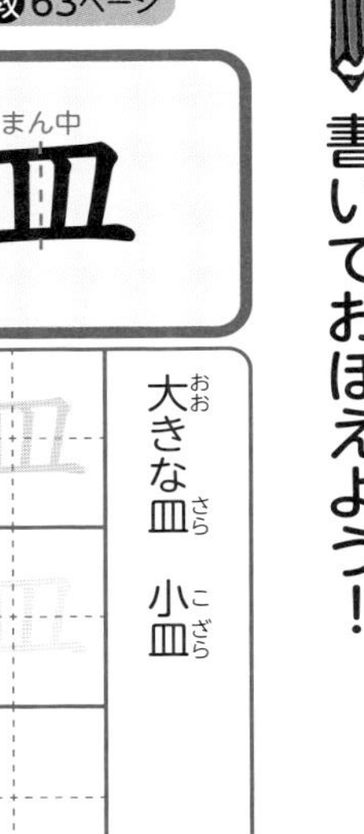
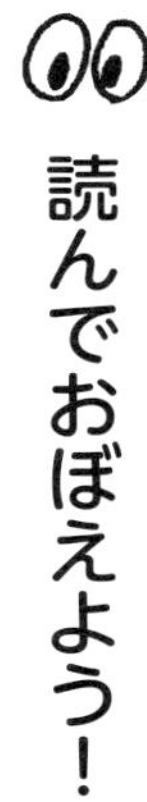
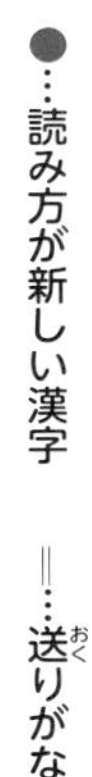

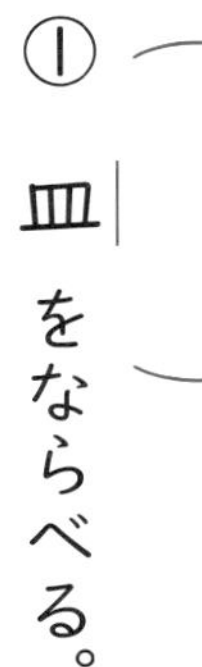
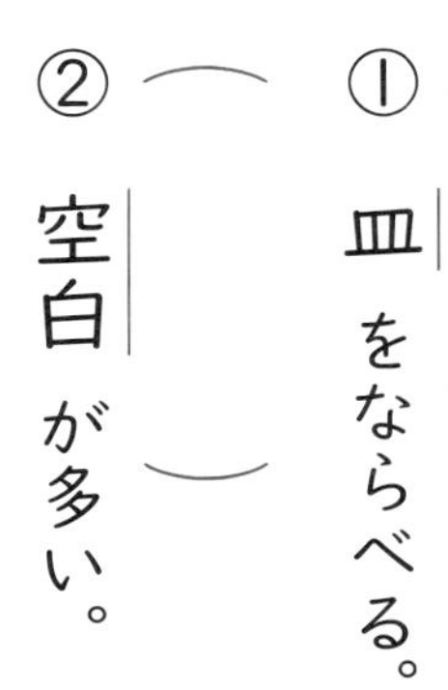

読んでおぼえよう！

●…読み方が新しい漢字　＝…送り（おく）がな

教63ページ
白　ハク　しろ　しろ（い）

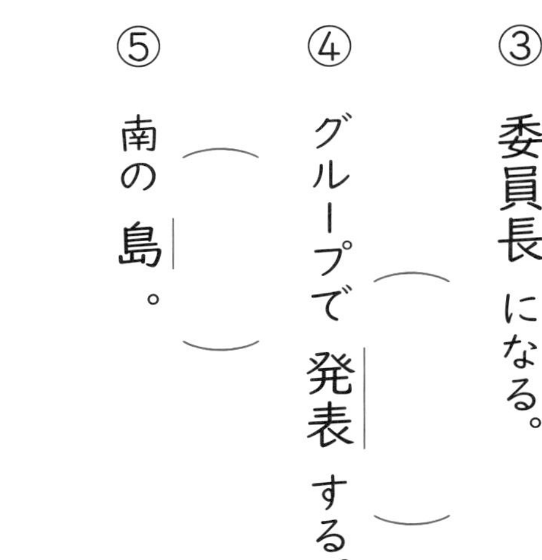

1 読みがなを書きましょう。20点（一つ4）

① 皿（　　）をならべる。

② 空白（　　）が多い。

③ 委員長（　　）になる。

④ グループで発表（　　）する。

⑤ 南の島（　　）。

うらのページにつづくよ！

教科書 上62〜63ページ

2 あてはまる漢字を書きましょう。

80点(一つ10)

① 夕食を［こざら］に取り分ける。

② ノートの［くうはく］をうめる。

③ クラスの［いいん］が集(あつ)まって話し合う。
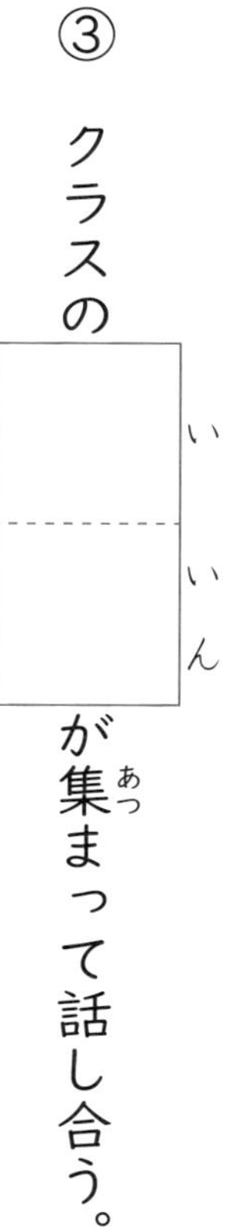

④ 運命(うんめい)を天に［ゆだ］ねる。

⑤ おおぜいの［しゃいん］がはたらいている。
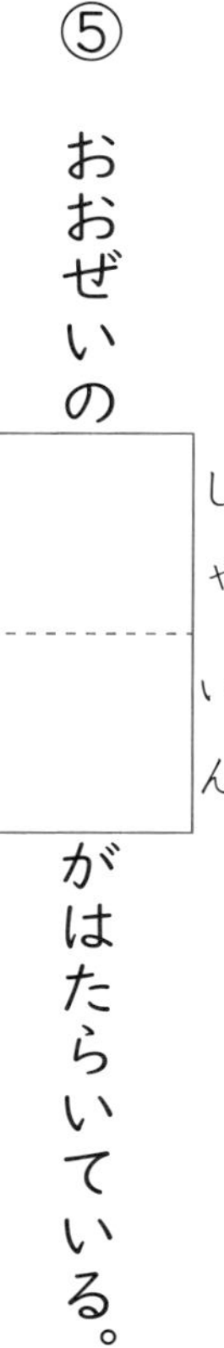

⑥ 新しい星を［はっけん］する。

⑦ 列(れっ)［とう］の今日の天気をたしかめる。
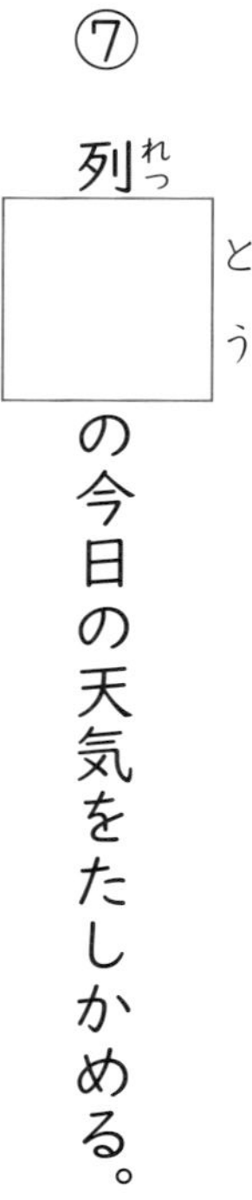

⑧ シンガポールは日本と同じ［しまぐに］だ。

ヒント ⑥「発」の「癶」の形に気をつけましょう。

まとめのドリル 17

自然のかくし絵～漢字の表す意味

1 漢字の読みがなを書きましょう。 52点(一つ4)

① 身（　）の回りを整える。

② 筆記（　）用具をそろえる。

③ 最後まで全力（　）を出しきる。

④ 図かんでめずらしい動物（　）を知る。

⑤ 電車が時刻どおりに発車（　）する。

⑥ クラスの係（　）を決（　）める。

⑦ 大皿（　）を落とさないように持（　）つ。

⑧ 都会（　）にある有名（　）なテーマパークへ行く。

⑨ 子どもを育（　）てるねこの様子を見守（　）る。

← うらのページにつづくよ！

2 あてはまる漢字を書きましょう。〔　〕には漢字とひらがなを書きましょう。

48点（一つ4）

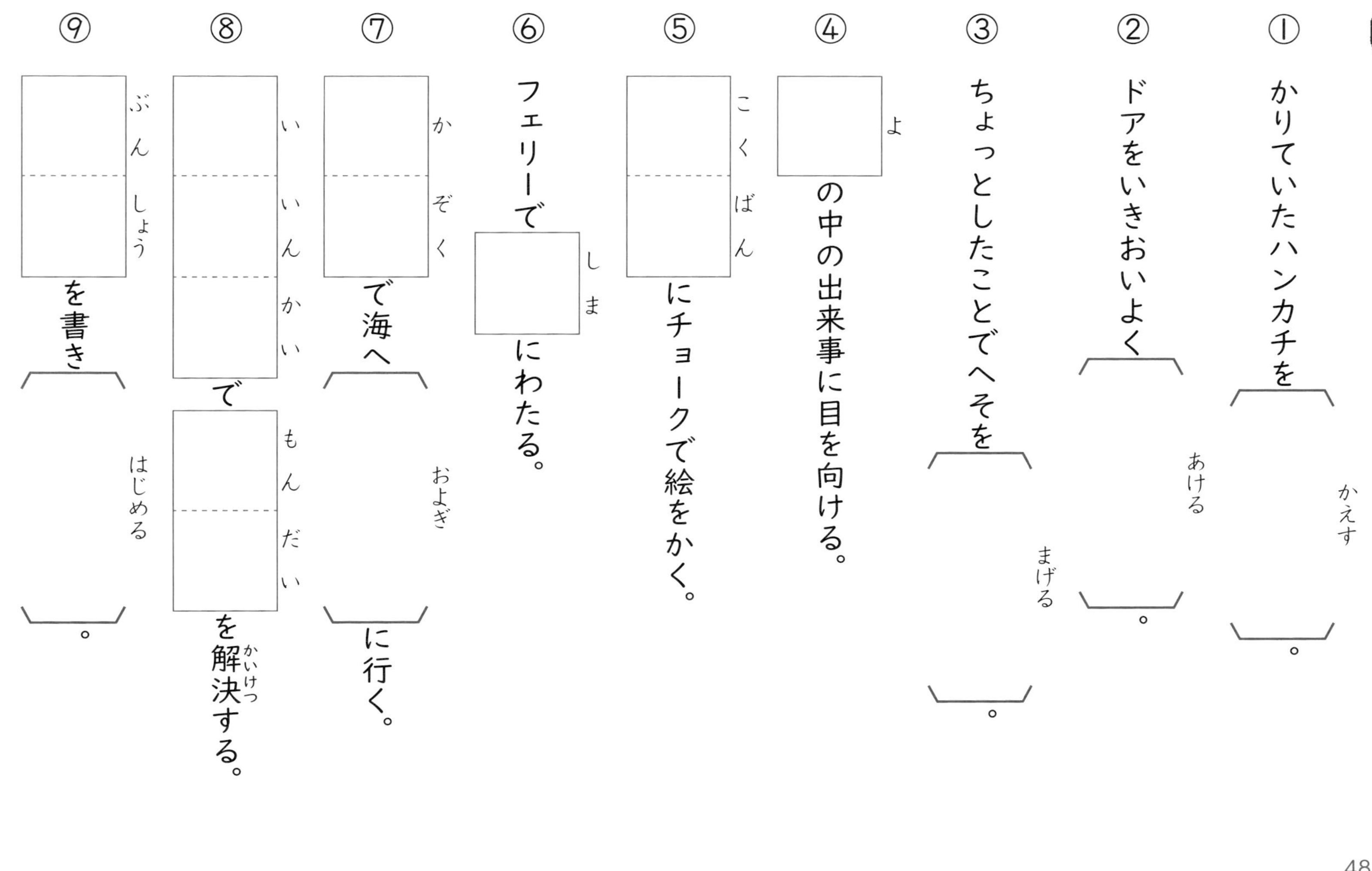

①　かりていたハンカチを〔かえす〕。

②　ドアをいきおいよく〔あける〕。

③　ちょっとしたことでへそを〔まげる〕。

④　□（よ）の中の出来事に目を向ける。

⑤　□□（こくばん）にチョークで絵をかく。

⑥　フェリーで□（しま）にわたる。

⑦　□□（かぞく）で海へ〔およぎ〕に行く。

⑧　□□□（いいんかい）で□□（もんだい）を解決（かいけつ）する。

⑨　□□（ぶんしょう）を書き〔はじめる〕。

きほんのドリル 18。

ワニのおじいさんのたから物 (1)

時間 15分　合かく80点　／100

サクッとこたえあわせ　答え 102ページ

月　日

書いておぼえよう！

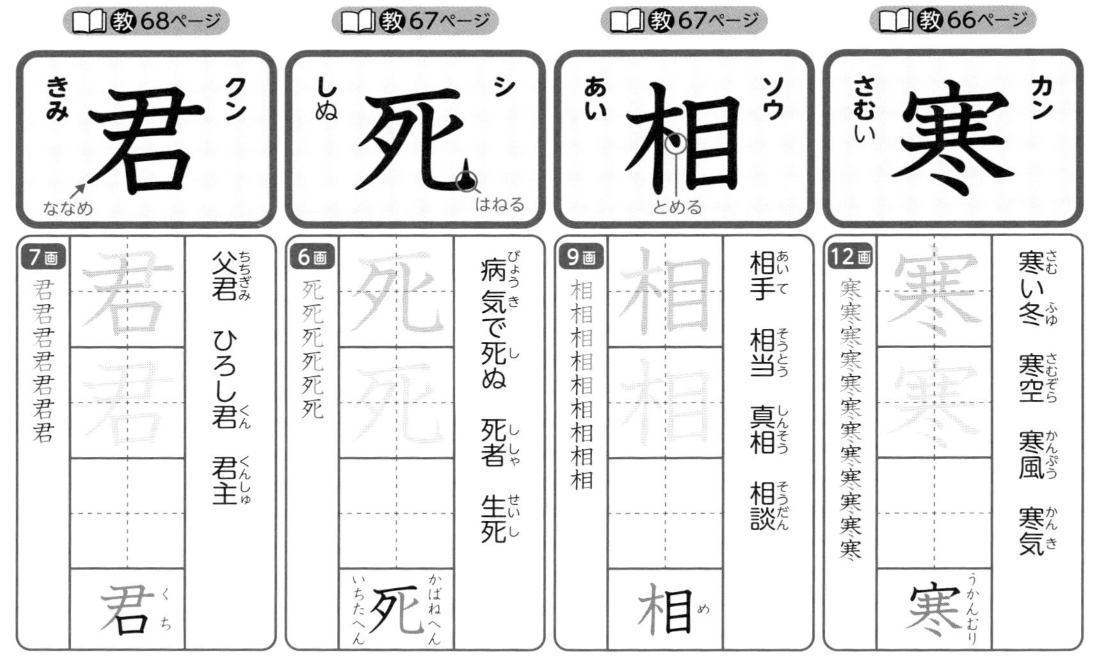

寒（教66ページ）　カン　さむい　12画
寒い冬（さむいふゆ）　寒空（さむぞら）　寒風（かんぷう）　寒気（かんき）
寒（うかんむり）

相（教67ページ）　ソウ　あい　とめる　9画
相手（あいて）　相当（そうとう）　真相（しんそう）　相談（そうだん）
相（め）

死（教67ページ）　シ　しぬ　はねる　6画
病気で死ぬ（びょうきでしぬ）　死者（ししゃ）　生死（せいし）
死（かばねへん・いちたへん）

君（教68ページ）　クン　きみ　ななめ　7画
父君（ちちぎみ）　ひろし君（くん）　君主（くんしゅ）
君（くち）

はねるところと
とめるところに
注意（ちゅうい）しよう。

1 読みがなを書きましょう。　60点（一つ10）

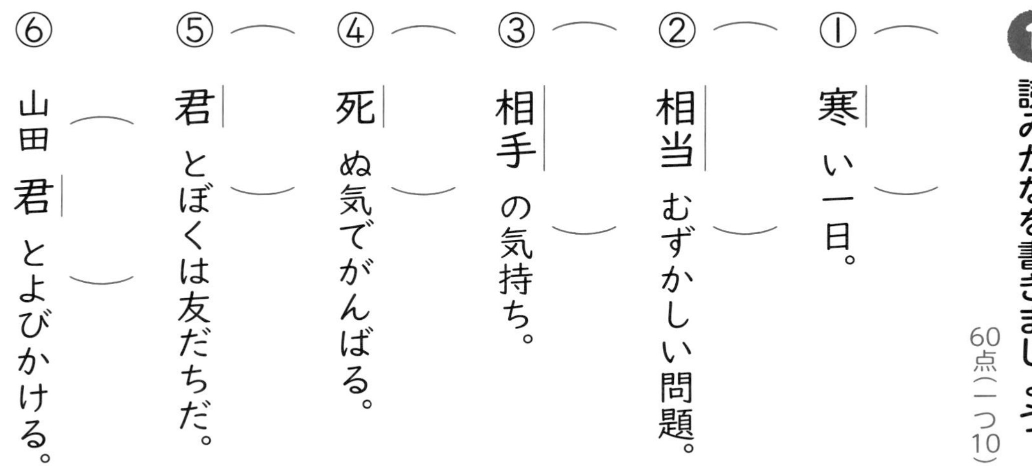

① 寒（　）い一日。

② 相当（　）むずかしい問題。

③ 相手（　）の気持ち。

④ 死（　）ぬ気でがんばる。

⑤ 君（　）とぼくは友だちだ。

⑥ 山田（　）君（　）とよびかける。

教科書 上64～76ページ

うらのページにつづくよ！

2 あてはまる漢字を書きましょう。

40点（一つ5）

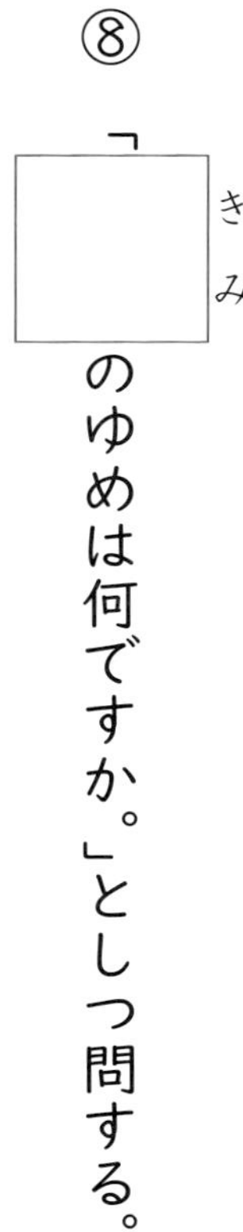

① 山から［かんぷう］がふきつける。

② かぜをひいたのか、［さむけ］を感じる。

③ 友だちの［そう］談にのる。

④ ［あいて］の立場を考える。

⑤ かわいがっていた金魚が［し］ぬ。

⑥ ［せいし］をさまよう。

⑦ わかい［くん］主がおさめる国。

⑧ 「［きみ］のゆめは何ですか。」としつ問する。

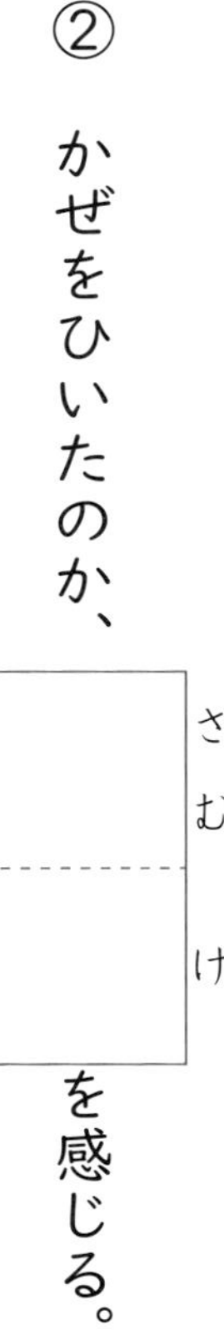

ヒント ③④「相」の右側は、「日」ではなく「目」です。

きほんのドリル 19。

ワニのおじいさんのたから物 (2)

時間 15分
合かく80点 ／100
答え102ページ
サクッとこたえあわせ
月　日

書いておぼえよう！

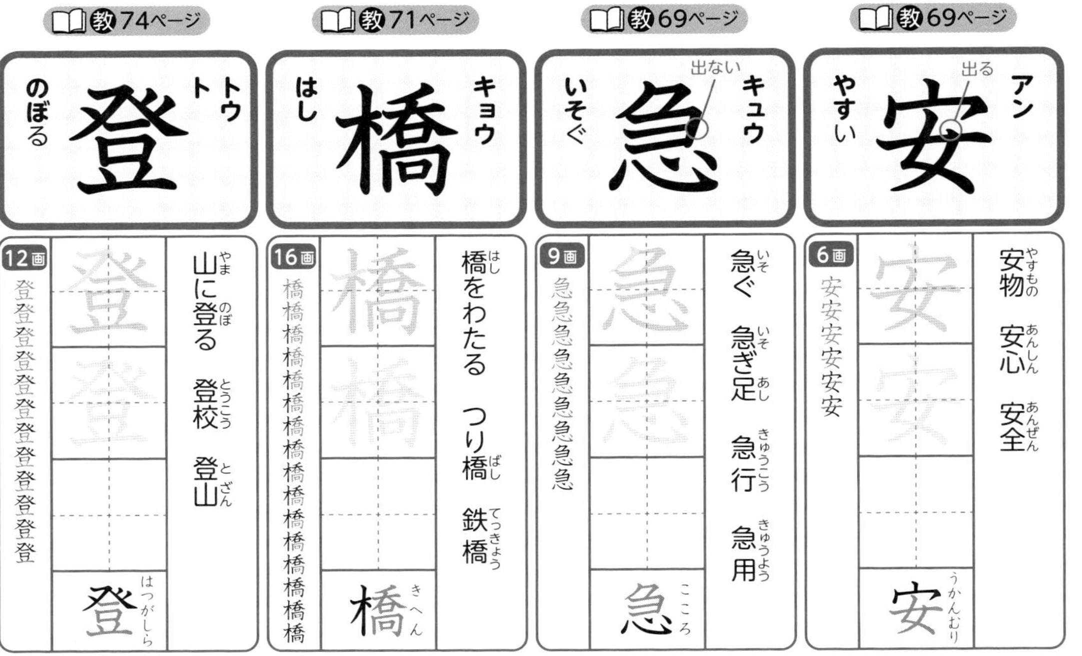

安（アン・やすい）教69ページ 出る 6画
安物（やすもの）　安心（あんしん）　安全（あんぜん）
安（うかんむり）
安安安安安安

急（キュウ・いそぐ）教69ページ 出ない 9画
急ぐ（いそぐ）　急ぎ足（いそぎあし）　急行（きゅうこう）　急用（きゅうよう）
急（こころ）
急急急急急急急急急

橋（キョウ・はし）教71ページ 16画
橋をわたる（はし）　つり橋（ばし）　鉄橋（てっきょう）
橋（きへん）
橋橋橋橋橋橋橋橋橋橋橋橋橋橋橋橋

登（トウ・ト・のぼる）教74ページ 12画
山に登る（やまにのぼる）　登校（とうこう）　登山（とざん）
登（はつがしら）
登登登登登登登登登登登登

読んでおぼえよう！

●…読み方が新しい漢字　‖…送りがな

記（キ・しるす）教70ページ
場（ジョウ・ば）教74ページ
行（コウ・ギョウ・いく）教75ページ

1 読みがなを書きましょう。 20点（一つ4）

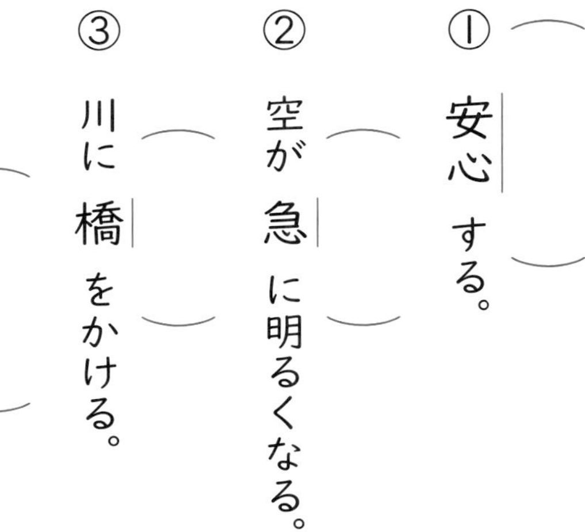
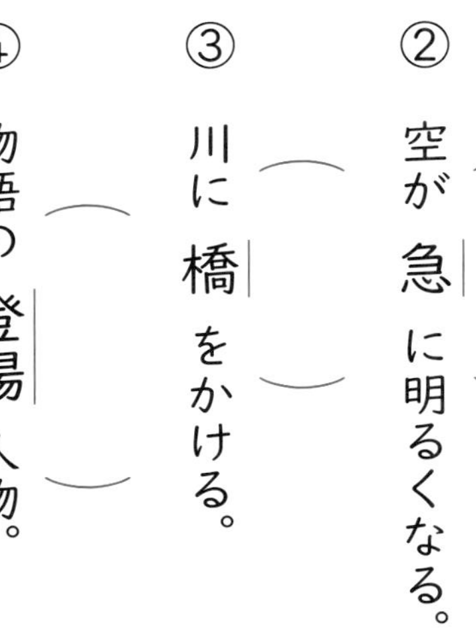
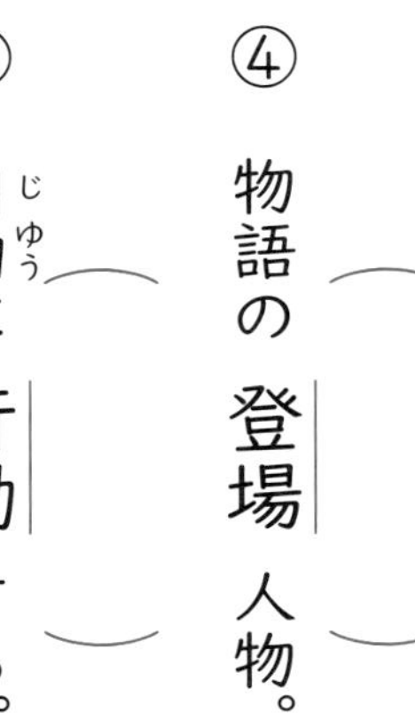

① 安心（　　）する。
② 空が 急（　　）に明るくなる。
③ 川に 橋（　　）をかける。
④ 物語の 登場（　　）人物。
⑤ 自由（じゆう）に 行動（　　）する。

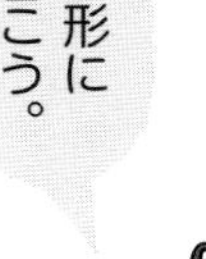

「登」は「癶」の形に気をつけて書こう。

うらのページにつづくよ！

2 あてはまる漢字を書きましょう。

80点（一つ10）

① □□（あんぜん）に気をつけて自転車に乗る。

② □（やす）いなべを買う。

③ 朝七時半の□□（きゅうこう）列車で通学する。

④ 待ち合わせの場所に□（いそ）いで向かう。

⑤ 用紙に名前を□（しる）す。

⑥ □□□（ほどうきょう）をわたる。

⑦ 父のしゅ味は□□（とざん）だ。

⑧ 明日の□□（やまのぼ）りのじゅんびをする。

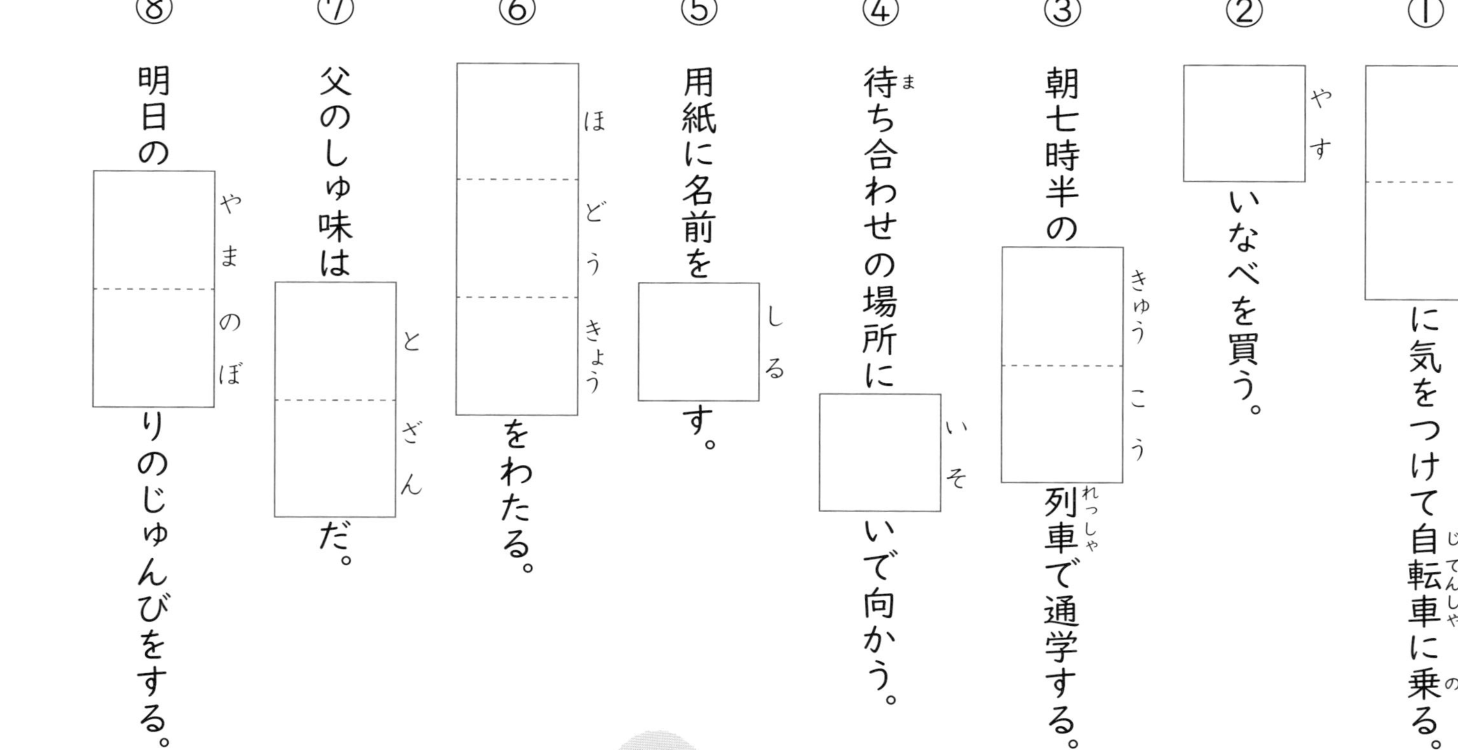

ヒント ⑥「橋」は「口」が二つです。わすれないようにしましょう。

きほんのドリル 20

漢字を使おう3 人物やものの様子を表す言葉

時間 15分　合かく80点　／100

答え 102ページ　サクッとこたえあわせ

月　日

書いておぼえよう！

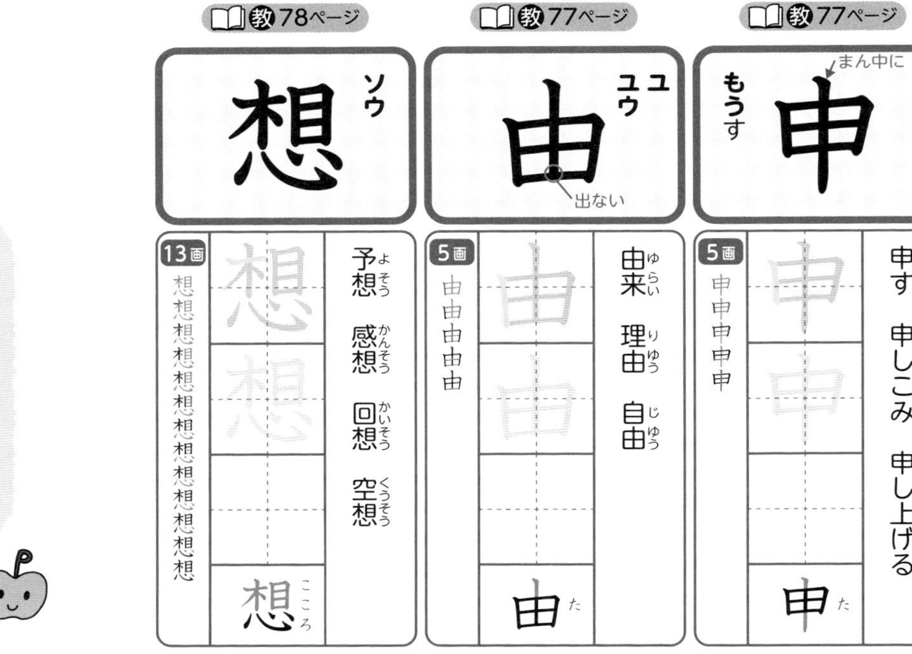

血（教77ページ）ケツ・ち　6画　赤い血（あかいち）　出血（しゅっけつ）　血流（けつりゅう）

申（教77ページ）もうす　5画　申す（もうす）　申しこみ（もうしこみ）　申し上げる（もうしあげる）

由（教77ページ）ユ・ユウ　5画　由来（ゆらい）　理由（りゆう）　自由（じゆう）

想（教78ページ）ソウ　13画　予想（よそう）　感想（かんそう）　回想（かいそう）　空想（くうそう）

読んでおぼえよう！

●…読み方が新しい漢字

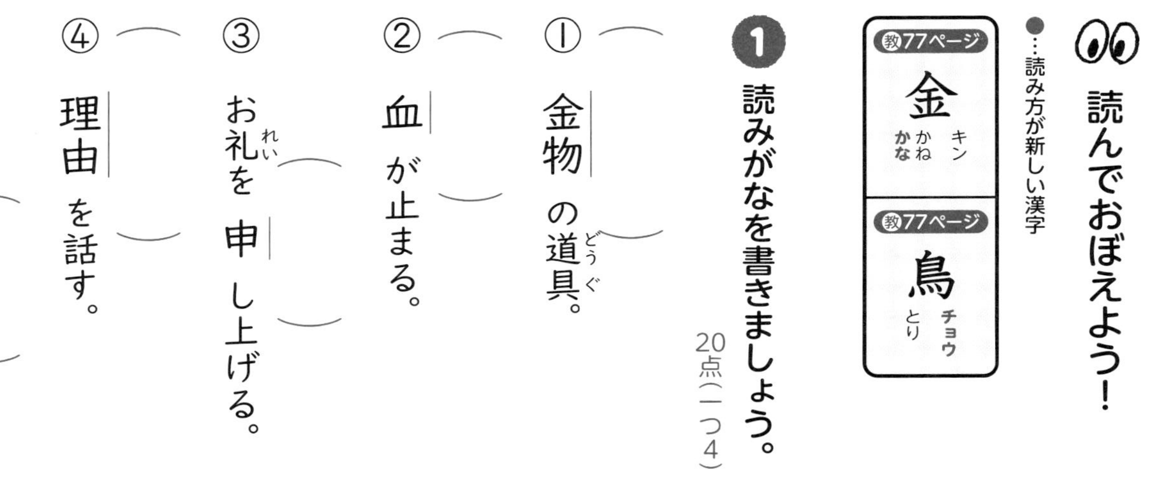

金（教77ページ）キン・かね・かな

鳥（教77ページ）チョウ・とり

1 読みがなを書きましょう。　20点（一つ4）

① 金物（　　）の道具（どうぐ）。

② 血（　　）が止まる。

③ お礼（れい）を申（　　）し上げる。

④ 理由（　　）を話す。

⑤ つづきを想（　　）ぞうする。

「申す」は「言う」のていねいな言い方だよ！

❷ あてはまる漢字を書きましょう。

80点（一つ10）

① □□（かなもの）の皿を使う。

② 転（ころ）んでひざから出（しゅっ）□（けつ）する。

③ ばんそうこうに□（ち）がにじむ。

④ 新商品（しんしょうひん）のキャンペーンに□（もう）しこむ。

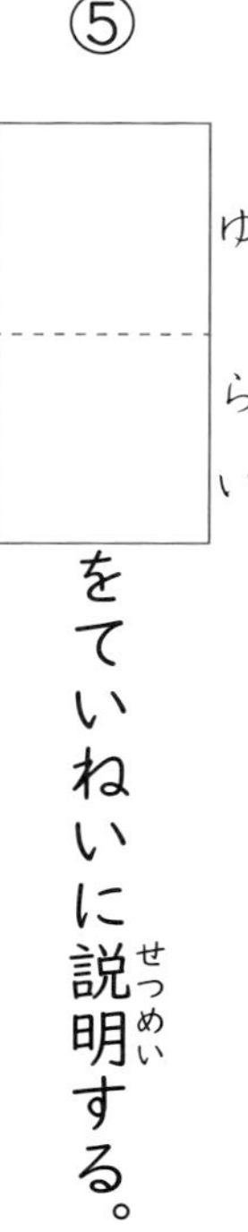

⑤ □□（ゆらい）をていねいに説明（せつめい）する。

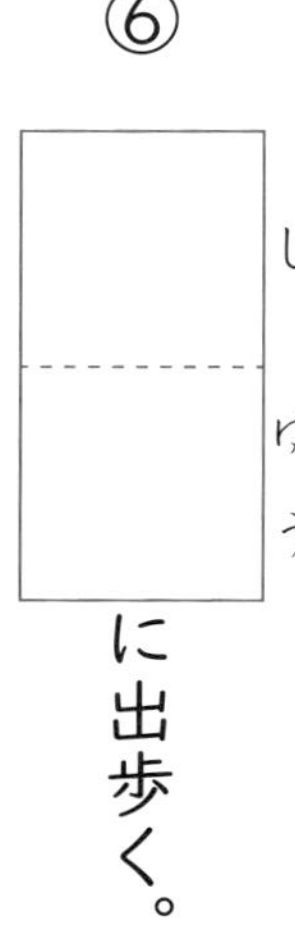

⑥ □□（じゆう）に出歩く。

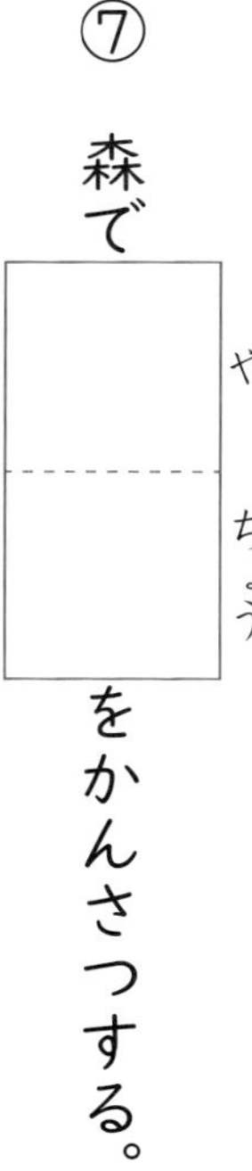

⑦ 森で□□（やちょう）をかんさつする。

⑧ 未来（みらい）の世界（せかい）を□□（くうそう）する。

ヒント ⑤⑥「由」のつき出るところと、出ないところに気をつけましょう。

きほんのドリル 21

心が動いたことを詩で表そう
「給食(きゅうしょく)だより」を読みくらべよう（1）

時間 15分
合かく80点
/100

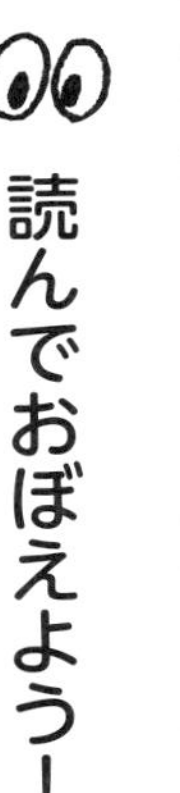

答え 102ページ
サクッとこたえあわせ

月　日

✏ 書いておぼえよう！

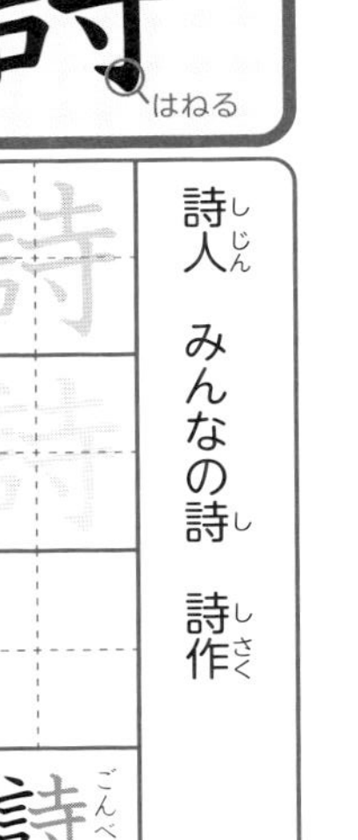
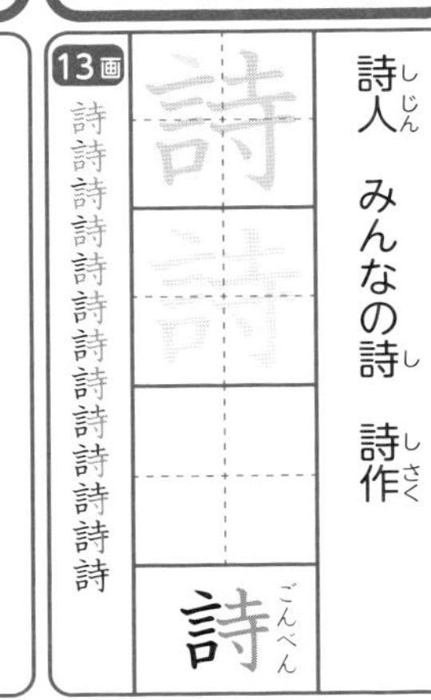

教 80ページ
詩　シ　はねる
詩人(しじん)　みんなの詩(し)　詩作(しさく)
13画　詩詩詩詩詩詩詩詩詩詩詩詩詩
ごんべん

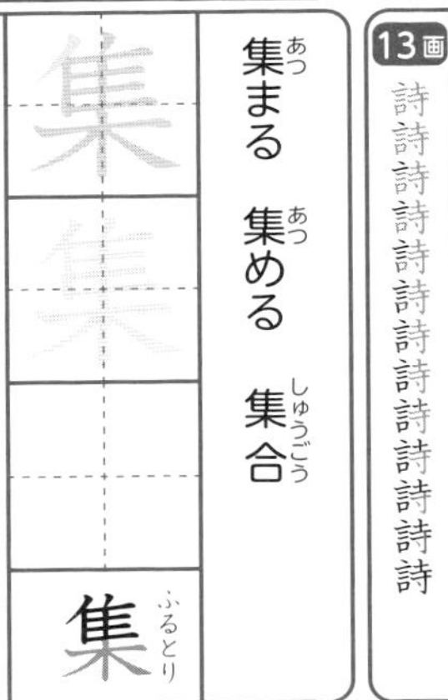
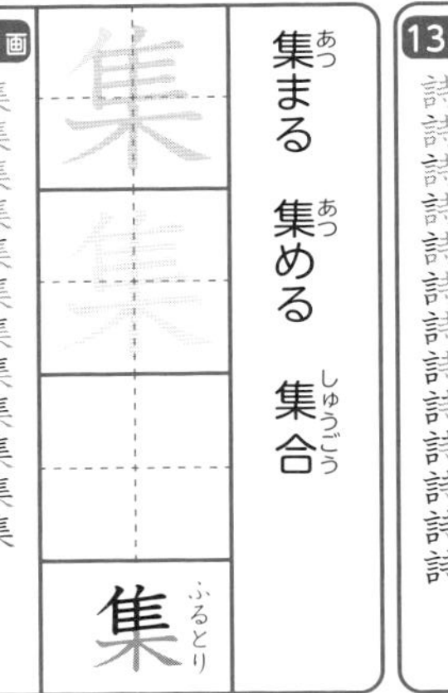
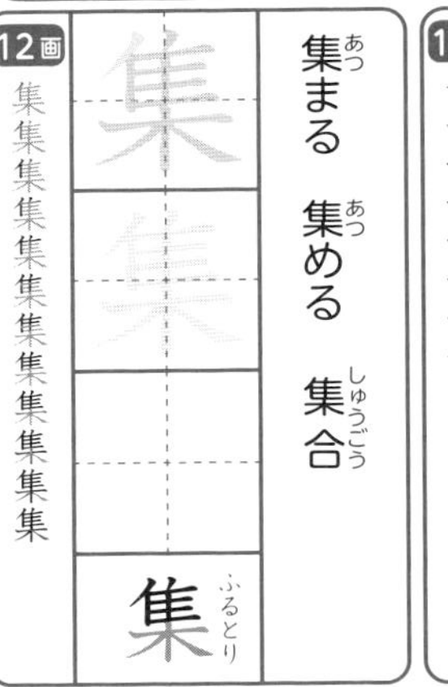
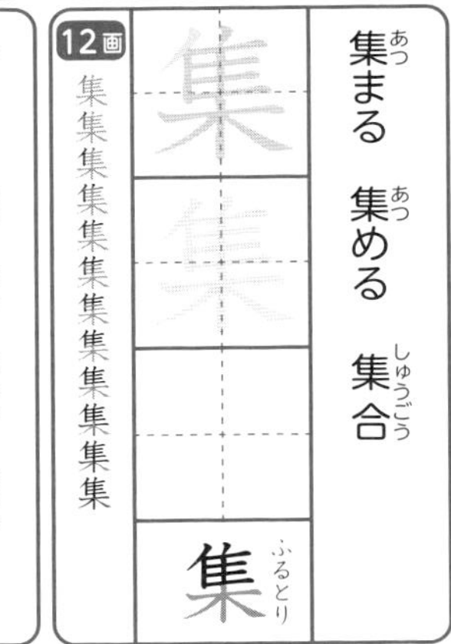

教 82ページ
集　シュウ　あつめる　あつまる
集(あつ)まる　集(あつ)める　集合(しゅうごう)
12画　集集集集集集集集集集集集
ふるとり

教 92ページ
次　ジ　つぐ　つぎ　はらう
次(つ)いで　次(つぎ)の文(ぶん)　次回(じかい)　目次(もくじ)
6画　次次次次次次
あくび　かける

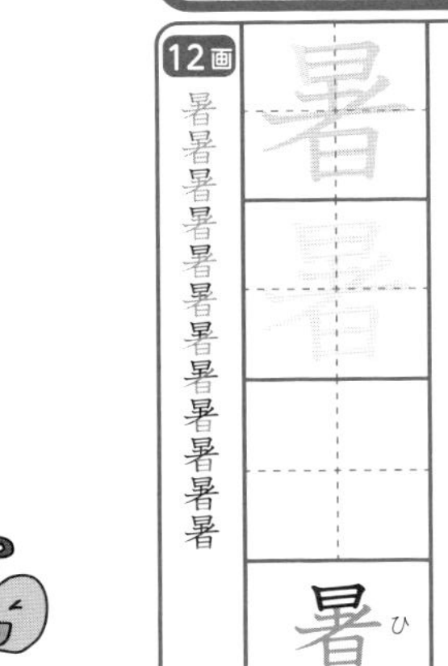

教 94ページ
暑　ショ　あつい　出る
暑(あつ)い夏(なつ)　暑中(しょちゅう)みまい
12画　暑暑暑暑暑暑暑暑暑暑暑暑
ひ

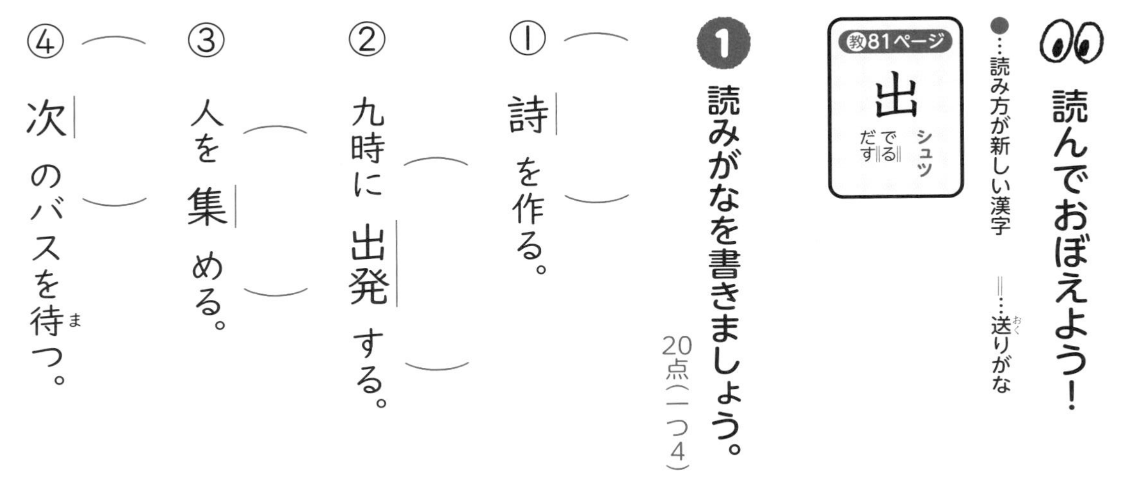

👀 読んでおぼえよう！

●…読み方が新しい漢字　＝…送(おく)りがな

教 81ページ
出　シュツ　でる　だす

1 読みがなを書きましょう。　20点（一つ4）

① 詩を作る。（　）
② 九時に出発する。（　）
③ 人を集める。（　）
④ 次のバスを待(ま)つ。（　）
⑤ 暑い一日。（　）

↓ うらのページにつづくよ！

教科書 上 80〜98ページ

2 あてはまる漢字を書きましょう。

80点（一つ10）

① 有名な□（し）を声に出して読む。

② バレーボールの大会に□□（しゅつじょう）する。

③ 公園に□□（しゅうごう）する。

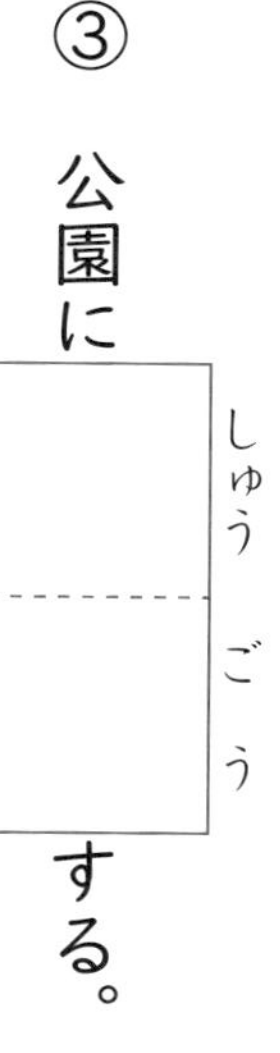

④ コンサートに一万人が□（あつ）まる。

⑤ 話のつづきを□□（じかい）に持ちこす。

⑥ 東京都（とうきょうと）に□（つ）いで人口（じんこう）が多いのは、神奈川県（かながわけん）だ。

⑦ 先生に□□（しょちゅう）みまいのはがきを送（おく）る。

⑧ 真夏（まなつ）の□（あつ）さがつづく。

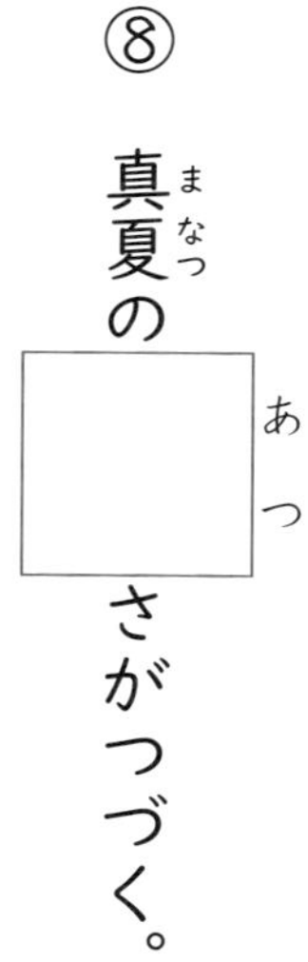

「次いで」という言い方をおぼえましょう。

ヒント ③④「集」は横ぼうの数に気をつけましょう。

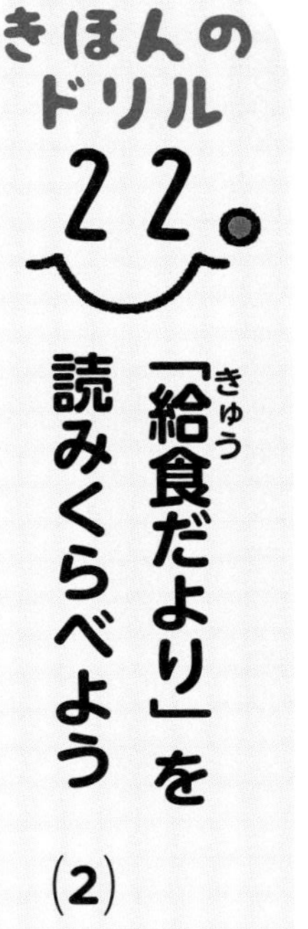

きほんのドリル 22。

「給食(きゅう)だより」を読みくらべよう (2)

時間 15分　合かく80点　／100

答え 102ページ

月　日

書いておぼえよう！

教95ページ **業** ギョウ　13画
工業(こうぎょう)　商業(しょうぎょう)　作業(さぎょう)
業(き)

教95ページ **実** ジツ　み　みのる　（はらう）　8画
木(こ)の実(み)　ももが実(みの)る　実力(じつりょく)
実(うかんむり)

教95ページ **農** ノウ　13画
農家(のうか)　農業(のうぎょう)　農地(のうち)　農村(のうそん)
農(しんのたつ)

教95ページ **命** メイ　いのち　（はねる）　8画
大切(たいせつ)な命(いのち)　命取(いのちと)り　生命(せいめい)
命(くち)

教97ページ **写** シャ　うつす　うつる　（はねる）　5画
写(うつ)す　写(うつ)る　写真(しゃしん)　写生(しゃせい)
写(わかんむり)

読んでおぼえよう！

●…読み方が新しい漢字　‖…送りがな

教95ページ **行** コウ　ギョウ　い‖く　おこな‖う

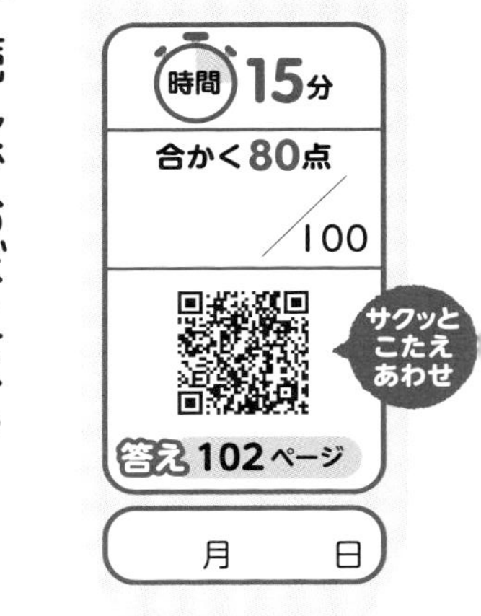

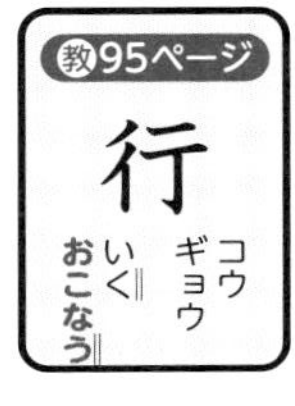

1 読みがなを書きましょう。 20点(一つ4)

① 作業(　　　)をすませる。

② 木の実(　　　)を拾(ひろ)う。

③ 農家(　　　)の仕事。

④ 一生けん命(　　　)歌う。

⑤ 友だちと写(　　　)真(しん)をとる。

うらのページにつづくよ！

❷ あてはまる漢字を書きましょう。

80点（一つ10）

① めきめきと 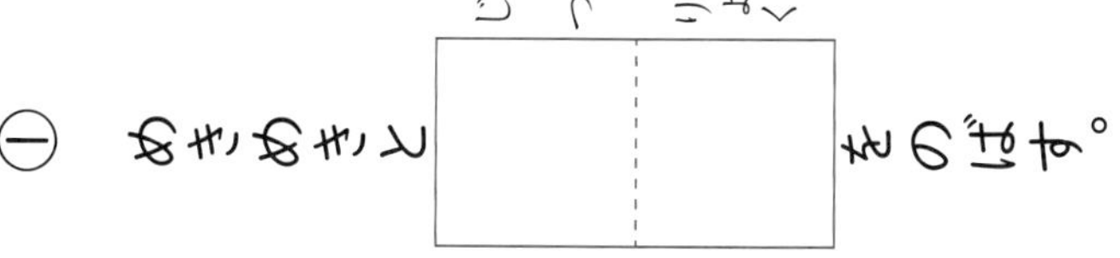（じつりょく）をのばす。

② りんごがたくさん 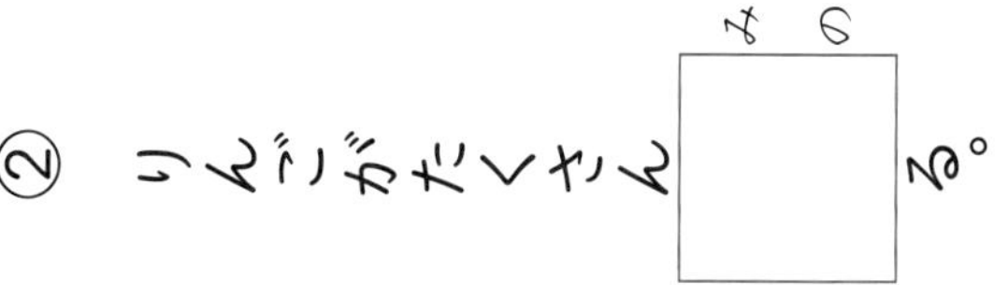（みの）る。

③ お楽しみ会を □（おこな）う。

④ □（のうぎょう）がさかんな町。

⑤ 青々と広がる 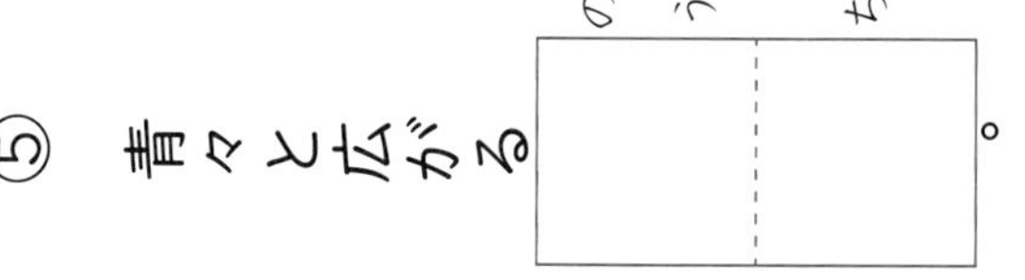（のうち）。

⑥ 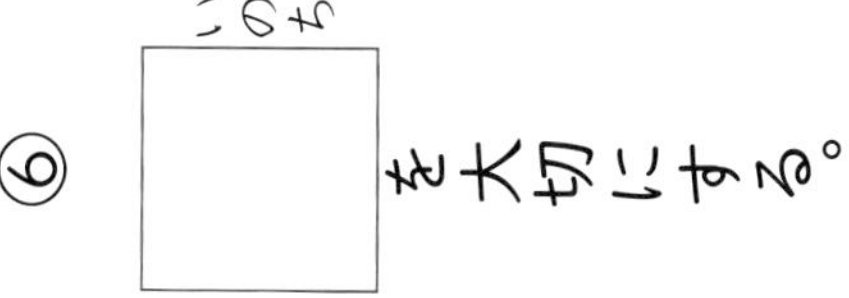（いのち）を大切にする。

⑦ 色えん筆で草花の 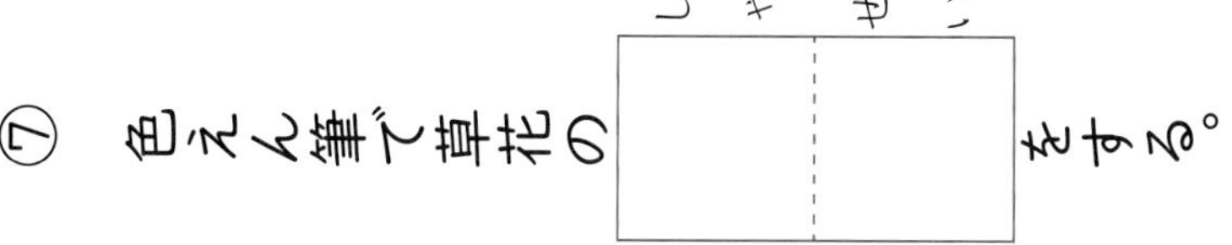（しゃせい）をする。

⑧ すきな言葉をノートに書き 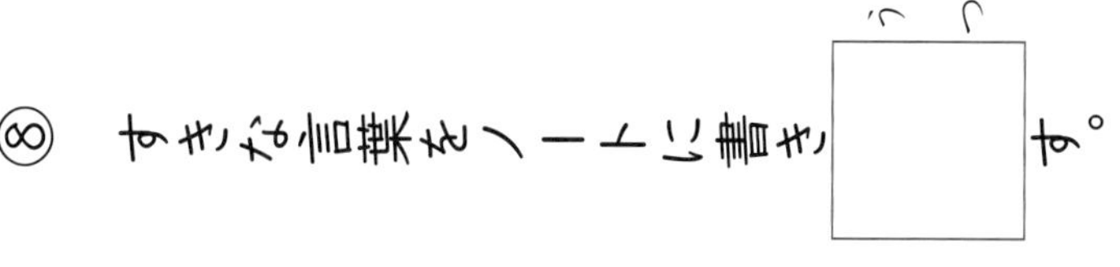（うつ）す。

画数の多い漢字は、たてぼうや横ぼうの数に気をつけよう。

ヒント ⑥「命」の三画目の横ぼうをわすれないようにしましょう。

夏休みのホームテスト 23.

四月から七月に習った漢字と言葉

時間 20分
合かく80点
/100
サクッとこたえあわせ
答え 102ページ
月　日

1 漢字の読みがなを書きましょう。 14点(一つ2)

① 地名の由来（　）を本で調べる。

② 明日は、相当（　）暑（　）い一日になるようだ。

③ 地図に強い君（　）がいれば、はじめての場所でも安心（　）だ。

④ 次回（　）の食事会（　）の日時を決める。

2 あてはまる漢字を書きましょう。〔　〕には漢字とひらがなを書きましょう。 14点(一つ2)

① □□（のう・ぎょう）について学ぶ。

② 必□（ひっ・し）になって山を〔　　〕（のぼる）。

③ 散歩（さんぽ）をしながら、木の□（み）を〔　　〕（あつめる）。

④ 〔　　〕（さむい）部屋（へや）で、□（こおり）のちょうこくを作る。

うらのページにつづくよ！

3 ――の漢字の読みがなを書きましょう。 24点(一つ3)

① 電柱の工事。 木の柱。 ( ) ( )

② 図書館に行く。 森の館。 ( ) ( )

③ 生命を守る。 大切な命。 ( ) ( )

④ なぞの物体。 作物を育てる。 ( ) ( )

4 次の言葉を、漢字と送り(おく)がなで書きましょう。 24点(一つ4)

① あそぶ 〔 〕

② おわる 〔 〕

③ しらべる 〔 〕

④ にがい 〔 〕

⑤ もうす 〔 〕

⑥ まがる 〔 〕

5 次の二字じゅく語をかんせいさせましょう。 24点(一つ4)

① 記(き) □(ごう)

② 分(ぶん) □(ぶ)

③ 感(かん) □(そう)

④ 心(しん) □(けつ)

⑤ 集(しゅう) □(し)

⑥ 書(しょ) □(しゃ)

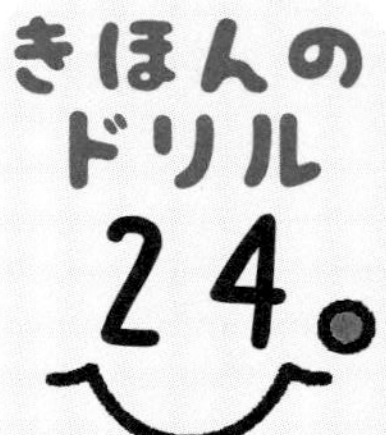

きほんのドリル 24。

夕日がせなかをおしてくる
案内(あんない)の手紙を書こう／慣用句(かんようく)を使おう
グループの合い言葉を決めよう (1)

時間 15分
合かく80点　　／100
サクッとこたえあわせ
答え 102ページ
月　日

書いておぼえよう！

漢字	教科書	音読み	訓読み	画数	筆順	言葉
助	117ページ	ジョ	たすける・たすかる	7画	助助助助助助助	人助(ひとだす)け　助(たす)かる　助手(じょしゅ)　（ちから：部首）（なななめ）
落	118ページ	ラク	おちる・おとす	12画	落落落落落落落落落落落落	落(お)ちる　落(お)とす　落石(らくせき)　（くさかんむり：部首）
進	120ページ	シン	すすむ・すすめる	11画	進進進進進進進進進進進	前(まえ)へ進(すす)む　進(すす)める　進行(しんこう)　（しんにょう・しんにゅう：部首）
役	122ページ	ヤク		7画	役役役役役役役	役人(やくにん)　役所(やくしょ)　役目(やくめ)　主役(しゅやく)　（ぎょうにんべん：部首）
負	123ページ	フ	まける・まかす・おう	9画	負負負負負負負負負	負(ま)ける　負(ま)かす　負(お)う　勝負(しょうぶ)　（かい・こがい：部首）

読んでおぼえよう！

●…読み方が新しい漢字　＝…送(おく)りがな

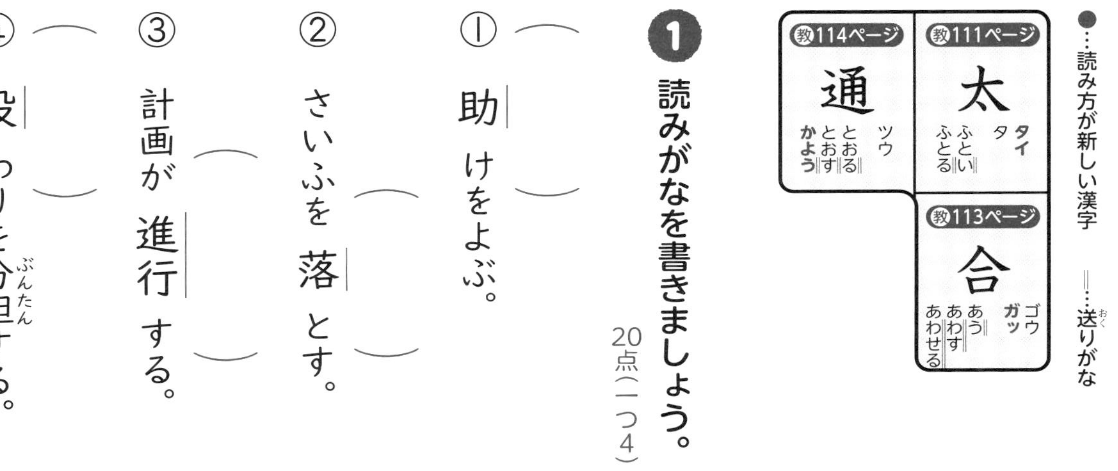

漢字	教科書	読み方
太	111ページ	タイ・タ・ふとい・ふとる
合	113ページ	ゴウ・ガッ・あう・あわす・あわせる
通	114ページ	ツウ・とおる・とおす・かよう

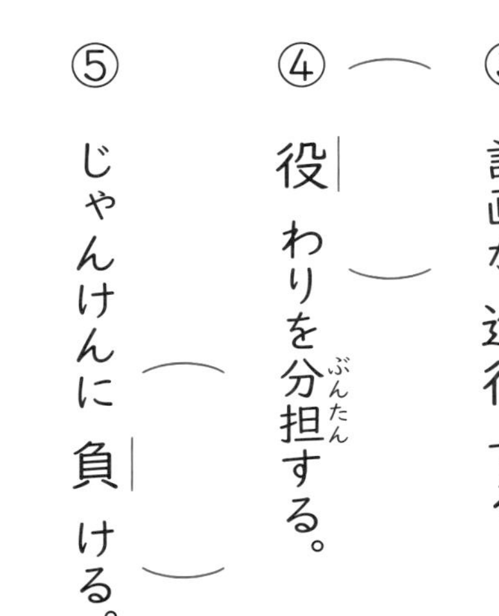

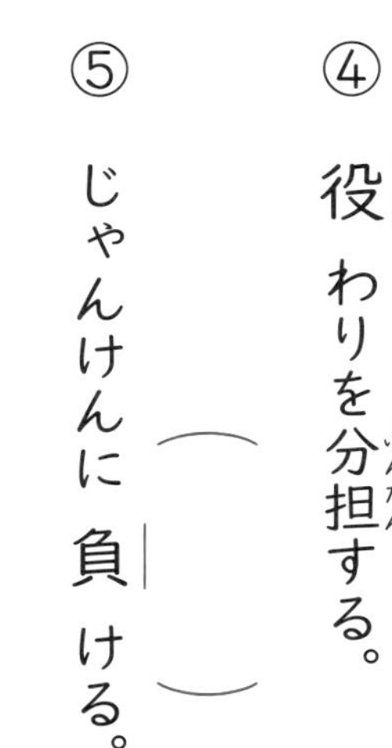

1 読みがなを書きましょう。 20点(一つ4)

① 助けをよぶ。（　　）
② さいふを落とす。（　　）
③ 計画が進行する。（　　）
④ 役わりを分担(ぶんたん)する。（　　）
⑤ じゃんけんに負ける。（　　）

➡うらのページにつづくよ！

2 あてはまる漢字を書きましょう。

80点（一つ10）

①（たい）陽の光がまぶしい。

② リコーダーや木きんで（がっ）奏をする。

③ 書道教室に（かよ）っている。

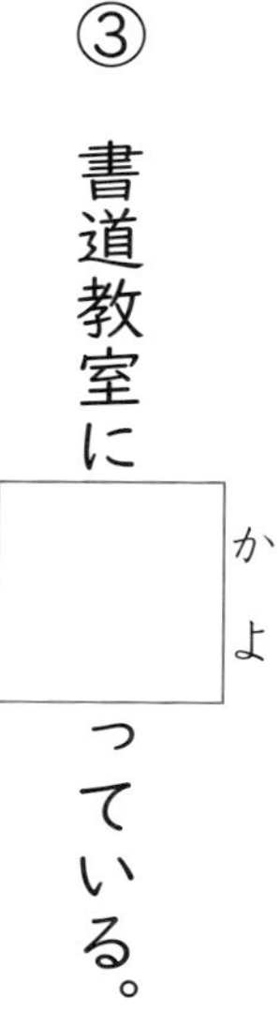

④ 先生の（じょしゅ）として実験にさんかする。

⑤ 山道では（らくせき）に気をつける。

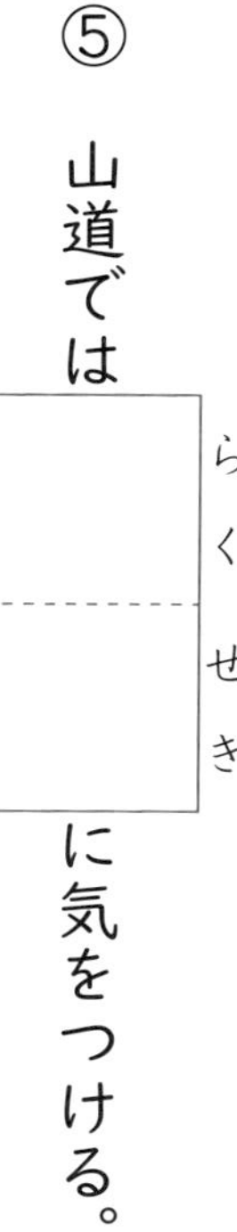

⑥ 一歩、前に（すす）む。

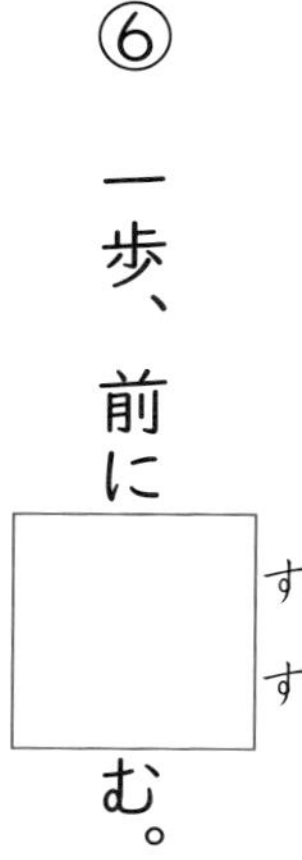

⑦ くらしに（やくだ）つ道具。

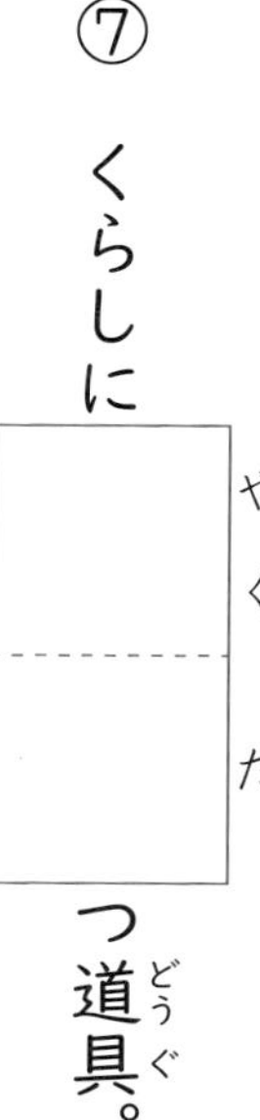

⑧ 足にきずを（お）う。

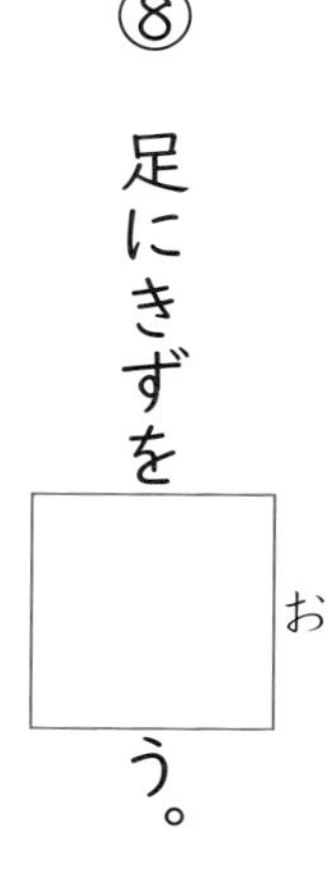

「きずを負う」という言い方をおぼえよう。

ヒント ④「助」の左側は「目」ではありません。よく見て書きましょう。

きほんのドリル 25。

グループの合い言葉を決めよう（2）
漢字を使おう4（1）

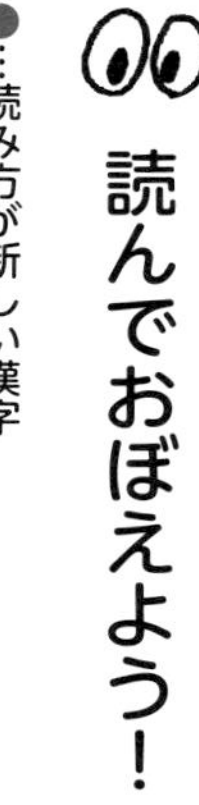

時間 15分
合かく80点　　／100

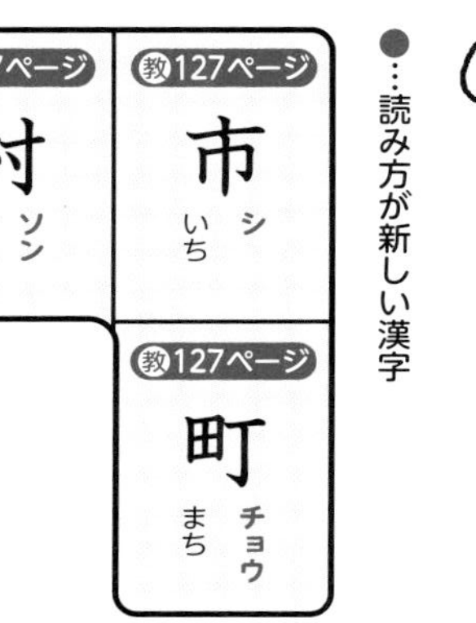

答え 102ページ

月　日

書いておぼえよう！

教 123ページ

勝　ショウ　かつ
12画　勝勝勝勝勝勝勝勝勝勝勝勝
すもうで勝(か)つ　勝(か)ち気(き)　決勝(けっしょう)
勝（ちから）

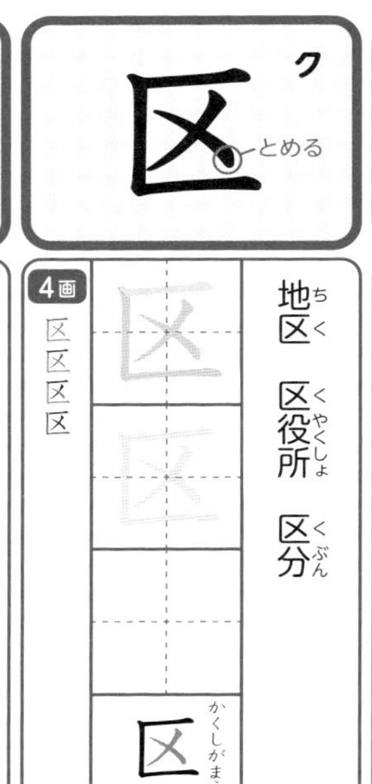

教 125ページ

区　ク　とめる
4画　区区区区
地区(ちく)　区役所(くやくしょ)　区分(くぶん)
区（かくしがまえ）

教 127ページ

県　ケン　とめる
9画　県県県県県県県県県
山口県(やまぐちけん)　県立(けんりつ)　県民(けんみん)
県（め）

教 127ページ

丁　チョウ　はねる
2画　丁丁
一丁目(いっちょうめ)　丁度(ちょうど)よい
丁（いち）

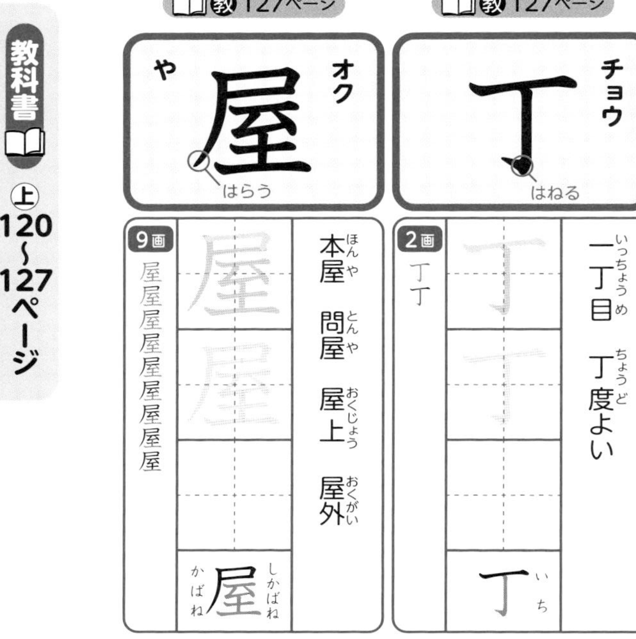

教 127ページ

屋　オク　や　はらう
9画　屋屋屋屋屋屋屋屋屋
本屋(ほんや)　問屋(とんや)　屋上(おくじょう)　屋外(おくがい)
屋（しかばね・かばね）

読んでおぼえよう！

●…読み方が新しい漢字

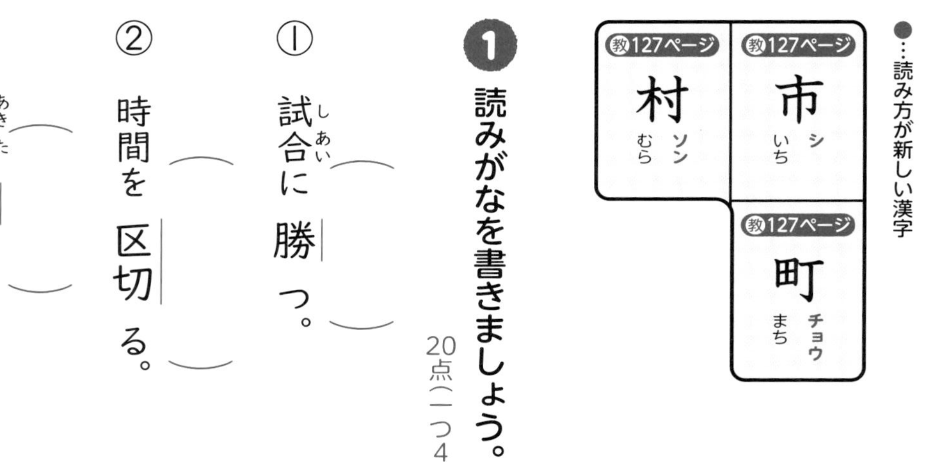

教127ページ	教127ページ	教127ページ
市　シ　いち	村　ソン　むら	町　チョウ　まち

1 読みがなを書きましょう。
20点（一つ4）

① 試合(しあい)に 勝（　　）つ。

② 時間を 区（　　）切る。

③ 秋田(あきた) 県（　　）で生まれる。

④ 一 丁（　　）目の角を曲がる。

⑤ 近所の 本屋（　　）。

教科書 上 120〜127ページ

← うらのページにつづくよ！

2 あてはまる漢字を書きましょう。

80点（一つ10）

① チャンピオンに［しょうぶ］をいどむ。

② ［かって］気ままな旅（たび）を楽しむ。

③ 森林の多い［ちく］。

④ 車で［けんどう］を走る。

⑤ 全国の［しちょうそん］の数。

⑥ 豆ふを一［ちょう］買う。

⑦ ［おくじょう］でひなたぼっこをする。

⑧ くつ［や］のおじさんにあいさつをする。

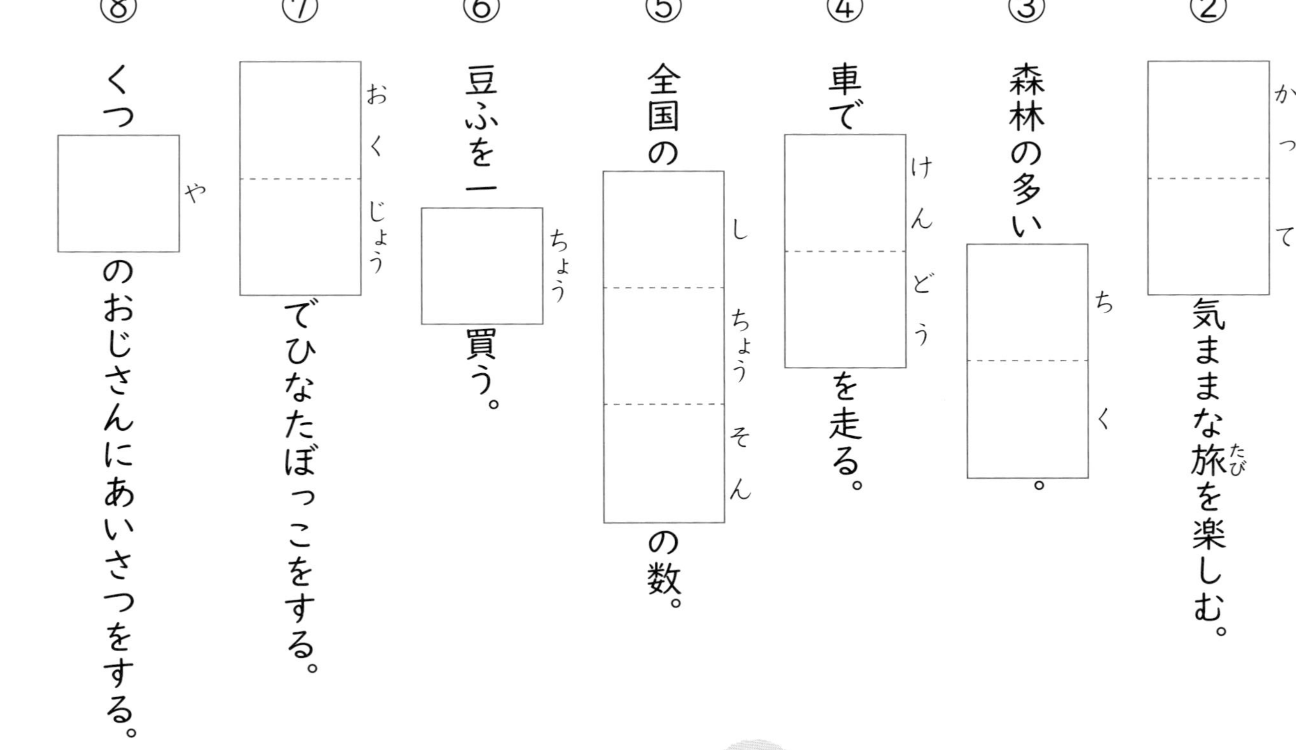

ヒント ①②「勝」の「カ」を、「力」と書かないようによく見て書きましょう。

きほんのドリル 26. 漢字を使おう4 (2) 主語とじゅつ語、つながってる？

書いておぼえよう！

漢字	読み	画数	筆順	言葉	部首
根（教127ページ）	コン／ね	10画	根根根根根根根根根根	草(くさ)の根(ね)　根強(ねづよ)い　根気(こんき)	根（きへん）
投（教127ページ）はねる	トウ／なげる	7画	投投投投投投投	ボールを投(な)げる　投手(とうしゅ)　投書(とうしょ)	投（てへん）
球（教127ページ）わすれない	キュウ／たま	11画	球球球球球球球球球球球	ゴルフの球(たま)　電球(でんきゅう)　地球(ちきゅう)	球（おうへん・たまへん）
打（教127ページ）はねる	ダ／うつ	5画	打打打打打	ホームランを打(う)つ　打者(だしゃ)	打（てへん）
主（教128ページ）まん中に	シュ／ぬし・おも	5画	主主主主主	持(も)ち主(ぬし)　主(おも)な人々(ひとびと)　主人(しゅじん)	主（てん）

1 読みがなを書きましょう。　60点(一つ10)

① 青い 屋根（　　） の家。

② ボールを 投（　　） げる。

③ 投球（　　） 練習をする。

④ たいこを 打（　　） つ。

⑤ 打（　　） 者が一るいに出る。

⑥ 文の 主語（　　） とじゅつ語。

うらのページにつづくよ！

❷ あてはまる漢字を書きましょう。

40点（一つ5）

① 弟に 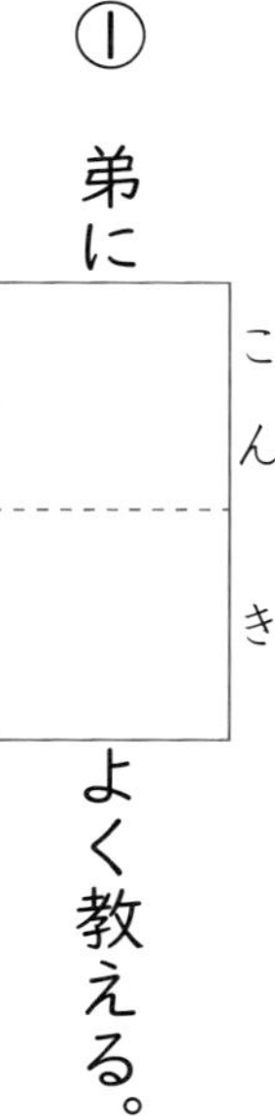（こんき）よく教える。

② （とうしゅ）として試合（しあい）に出場する。

③ 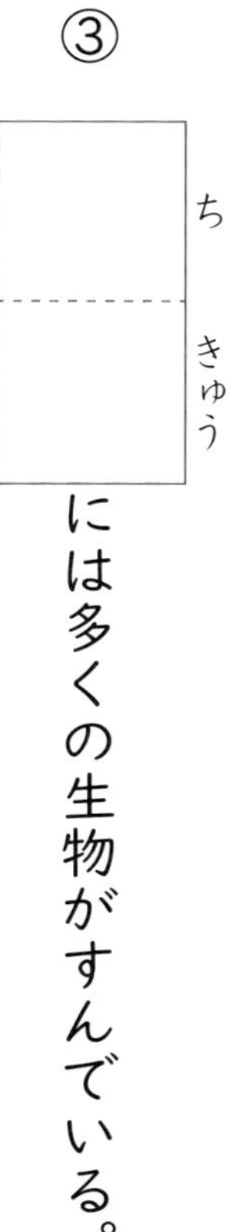（ちきゅう）には多くの生物がすんでいる。

④ テニスの 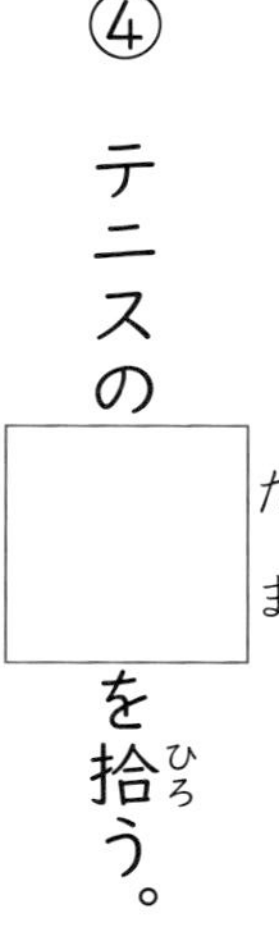（たま）を拾（ひろ）う。

⑤ 相手のサーブを （う）ち返す。

⑥ アニメの □□□（しゅじんこう）にあこがれる。

⑦ かさの持ち （ぬし）が見つかる。

⑧ 一日の 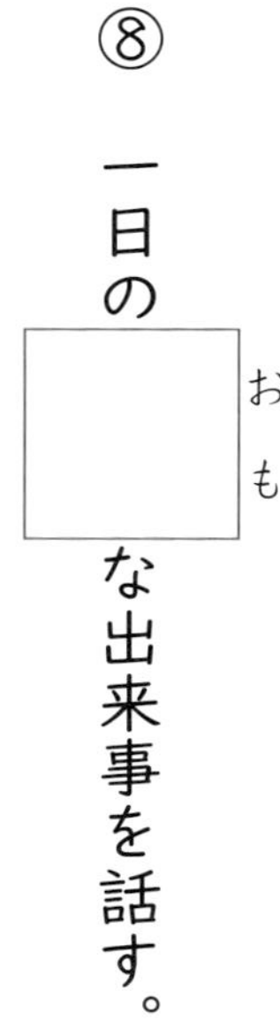（おも）な出来事を話す。

「打」の右側（みぎがわ）のたてぼうは、上につき出ないよ。

ヒント ③④「球」は、最後（さいご）のてんをわすれないようにしましょう。

きほんのドリル 27

サーカスのライオン (1)

時間 15分　合かく80点　／100

サクッとこたえあわせ　答え 103ページ

月　日

書いておぼえよう！

教132ページ
化 カ　ば(ける)　ば(かす)
4画　化化化化
化(ば)け物(もの)　化(ば)かす　化学(かがく)
化 ひ

教133ページ
鉄 テツ（出る）
13画　鉄鉄鉄鉄鉄鉄鉄鉄鉄鉄鉄鉄鉄
強(つよ)い鉄(てつ)　鉄橋(てっきょう)　鉄道(てつどう)
鉄 かねへん

教133ページ
真 シン　ま（長く）
10画　真真真真真真真真真真
真心(まごころ)　真四角(ましかく)　真理(しんり)　真空(しんくう)
真 め

教134ページ
客 キャク
9画　客客客客客客客客客
お客(きゃく)さん　来客(らいきゃく)　客室(きゃくしつ)
客 うかんむり

教134ページ
着 チャク　き(る)　き(せる)　つ(く)　つ(ける)
12画　着着着着着着着着着着着着
着(き)る　着(き)せる　着(つ)く　着地(ちゃくち)
着 ひつじ

読んでおぼえよう！

●…読み方が新しい漢字　‖…送(おく)りがな

教133ページ
円 エン　まる(い)

1 読みがなを書きましょう。
20点(一つ4)

① お化(　)けがこわい。

② 鉄(　)のフライパン。

③ 真(　)ん中に立つ。

④ お客(　)を出むかえる。

⑤ シャツを着(　)る。

教科書 上 130～148ページ

← うらのページにつづくよ！

2 あてはまる漢字を書きましょう。

80点（一つ10）

① 兄といっしょに［かせき］をさがす。

② ［てつどう］のもけいを組み立てる。

③ ついに［しんじつ］をつげる時がきた。

④ ［まごころ］が通じて仲直(なかなお)りする。

⑤ ［まる］いお皿をきれいにみがく。

⑥ ごちそうを用意して［らいきゃく］をもてなす。

⑦ ユニフォームを［ちゃくよう］する。

⑧ チャイムが鳴り終わる前にせきに［つ］く。

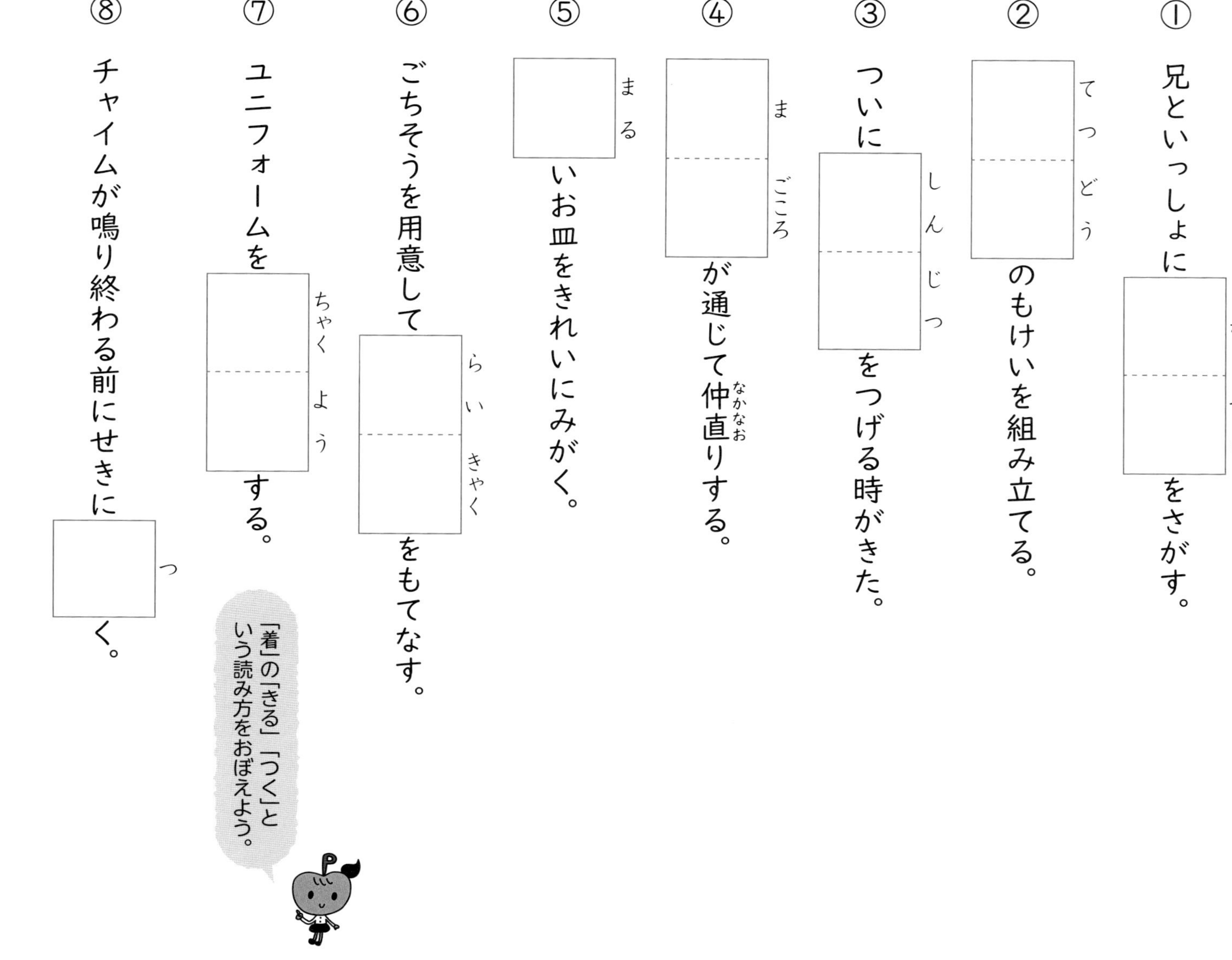

ヒント ②「鉄」の右側(みぎがわ)は、「矢」ではなく「失」です。

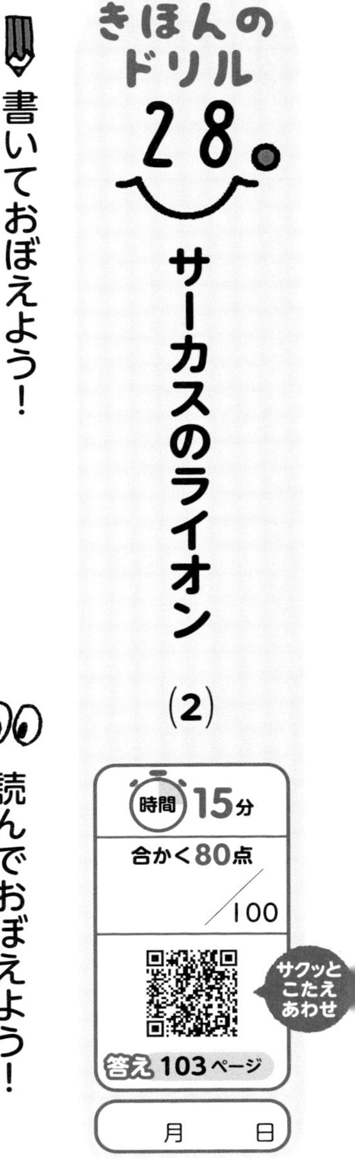

きほんのドリル 28. サーカスのライオン (2)

時間 15分　合かく80点　／100

サクッとこたえあわせ　答え 103ページ

月　日

書いておぼえよう！

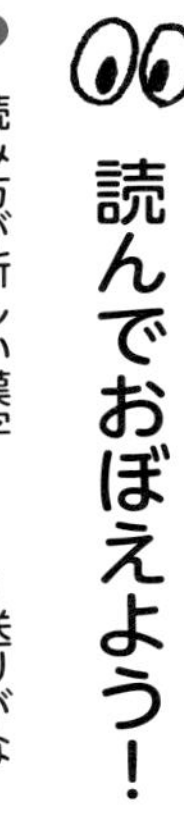

📖教136ページ
送　ソウ　おくる
9画　送送送送送送送送送
物(もの)を送(おく)る　送(おく)りがな　運送(うんそう)
送　しんにょう（しんにゅう）

📖教136ページ
院　イン　（はねる）
10画　院院院院院院院院院院
入院(にゅういん)　院長(いんちょう)　医院(いいん)　病院(びょういん)
院　こざとへん

📖教137ページ
皮　ヒ　かわ　（はねる）
5画　皮皮皮皮皮
毛皮(けがわ)　皮肉(ひにく)　皮(ひ)ふ
皮　けがわ

📖139ページ
受　ジュ　うける　うかる　（はなす）
8画　受受受受受受受受
受(う)ける　受(う)かる　受理(じゅり)
受　また

📖教141ページ
消　ショウ　きえる　けす　（まっすぐ）
10画　消消消消消消消消消消
火(ひ)が消(き)える　消(け)す　消火(しょうか)
消　さんずい

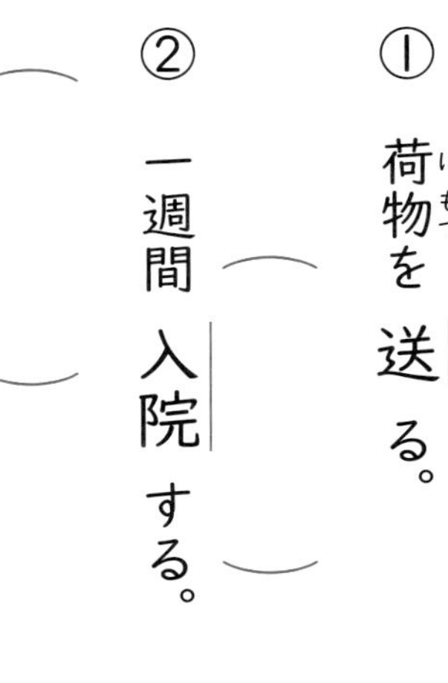

読んでおぼえよう！

●…読み方が新しい漢字　＝…送りがな
●…とくべつな読み方をする漢字

教137ページ　楽　ガク　ラク　たのしい　たのしむ
教138ページ　部屋(へや)

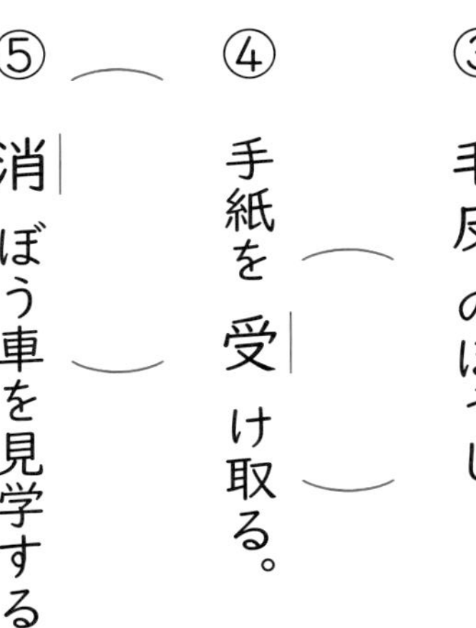
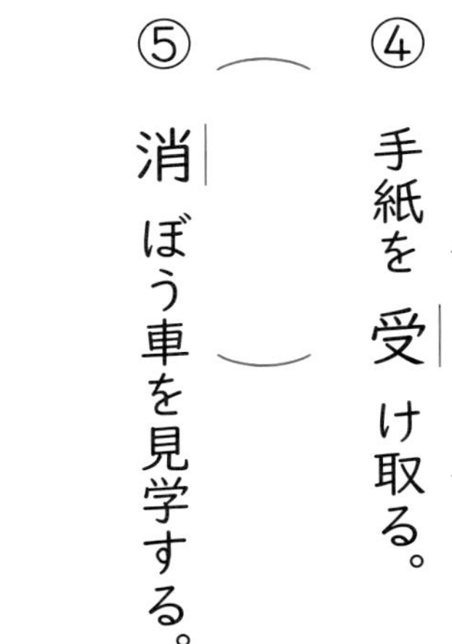

1 読みがなを書きましょう。 20点(一つ4)

① 荷物(にもつ)を送る。（　）
② 一週間入院する。（　）
③ 毛皮のぼうし。（　）
④ 手紙を受け取る。（　）
⑤ 消ぼう車を見学する。（　）

← うらのページにつづくよ！

教科書 上 130〜148ページ

2 あてはまる漢字を書きましょう。

80点（一つ10）

① トラックで商品(しょうひん)を［はい］［そう］する。

② 病気(びょうき)のことを［いん］［ちょう］にたずねる。

③ ［らく］なことばかりではカがつかない。

④ ［ひ］［にく］を言って後(こう)かいする。

⑤ ［へや］をきれいにそうじする。

⑥ パソコンでメールを［じゅ］信(しん)する。

⑦ キャンプファイヤーの火が［き］える。

⑧ 黒板に書いた字を［け］す。

「皮肉」とは、いじわるな言い方のことです。

ヒント ⑦⑧「消」の上の部分を「ッ」としないようにしましょう。

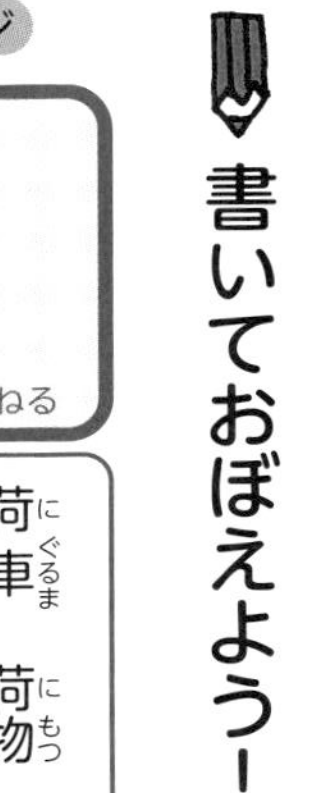

きほんのドリル 29。

サーカスのライオン (3)
漢字を使おう5

時間 15分　合かく80点　/100
答え 103ページ
サクッとこたえあわせ
月　日

書いておぼえよう！

教141ページ
荷（に）はねる
10画 荷荷荷荷荷荷荷荷荷荷
荷（くさかんむり）
荷車（にぐるま）　荷物（にもつ）　重荷（おもに）

教141ページ
運（ウン・はこぶ）
12画 運運運運運運運運運運運運
運（しんにょう・しんにゅう）
物を運ぶ（ものをはこぶ）　運送（うんそう）　運動（うんどう）

教149ページ
陽（ヨウ）はねる
12画 陽陽陽陽陽陽陽陽陽陽陽陽
陽（こざとへん）
太陽（たいよう）　陽気（ようき）　陽光（ようこう）

教149ページ
路（ロ・じ）ななめ
13画 路路路路路路路路路路路路路
路（あしへん）
旅路（たびじ）　山路（やまじ）　道路（どうろ）　路上（ろじょう）

「路」の左がわを「足」と書かないように気をつけよう！

読んでおぼえよう！

●…とくべつな読み方をする漢字

教143ページ　真っ赤（まっか）
教149ページ　真面目（まじめ）
教149ページ　真っ青（まっさお）

1 読みがなを書きましょう。
20点（一つ4）

① 荷物（　　）を持ち上げる。
② つくえを運（　　）ぶ。
③ 真っ青（　　）な海。
④ 春の陽光（　　）。
⑤ 通学路（　　）を歩く。

← うらのページにつづくよ！

教科書 上130〜149ページ

2 あてはまる漢字を書きましょう。

80点（一つ10）

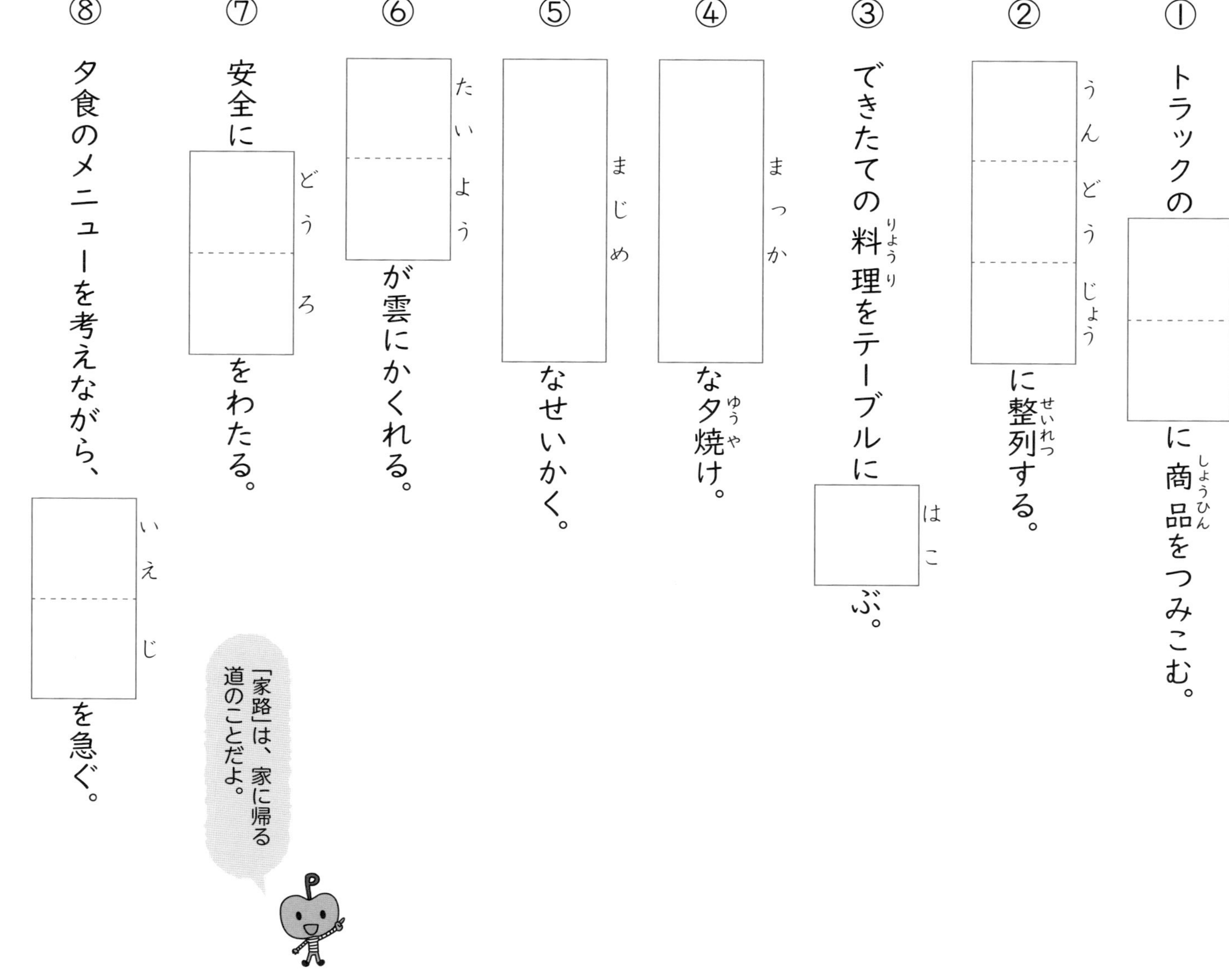

① トラックの（にだい）に商品（しょうひん）をつみこむ。

② （うんどうじょう）に整列（せいれつ）する。

③ できたての料理（りょうり）をテーブルに（はこ）ぶ。

④ （まっか）な夕焼（ゆうや）け。

⑤ （まじめ）なせいかく。

⑥ （たいよう）が雲にかくれる。

⑦ 安全に（どうろ）をわたる。

⑧ 夕食のメニューを考えながら、（いえじ）を急ぐ。

ヒント ⑦⑧「路」の左側（ひだりがわ）は「足」ではありません。よく見て書きましょう。

まとめのドリル30　夕日がせなかをおしてくる～　漢字を使おう5

1 漢字の読みがなを書きましょう。　52点（一つ4）

① 列車（れっしゃ）が【鉄橋】（　　）をわたる。

② 遠くに赤い【屋根】（　　）が見える。

③ たんていが【真実】（　　）を言い当てる。

④ 【路上】（　　）でばったり友だちに会う。

⑤ 【陽気】（　　）な歌声が聞こえてくる。

⑥ お【客】（　　）を駅（えき）まで【送】（　　）る。

⑦ 【消】（　　）しゴムをどこかで【落】（　　）としてしまった。

⑧ 【二丁目】（　　）にある【区役所】（　　）へ行く。

⑨ 【主人公】（　　）が【勝負】（　　）する。

教科書 上110～149ページ

うらのページにつづくよ！

2 あてはまる漢字を書きましょう。〔　〕には漢字とひらがなを書きましょう。 48点（一つ4）

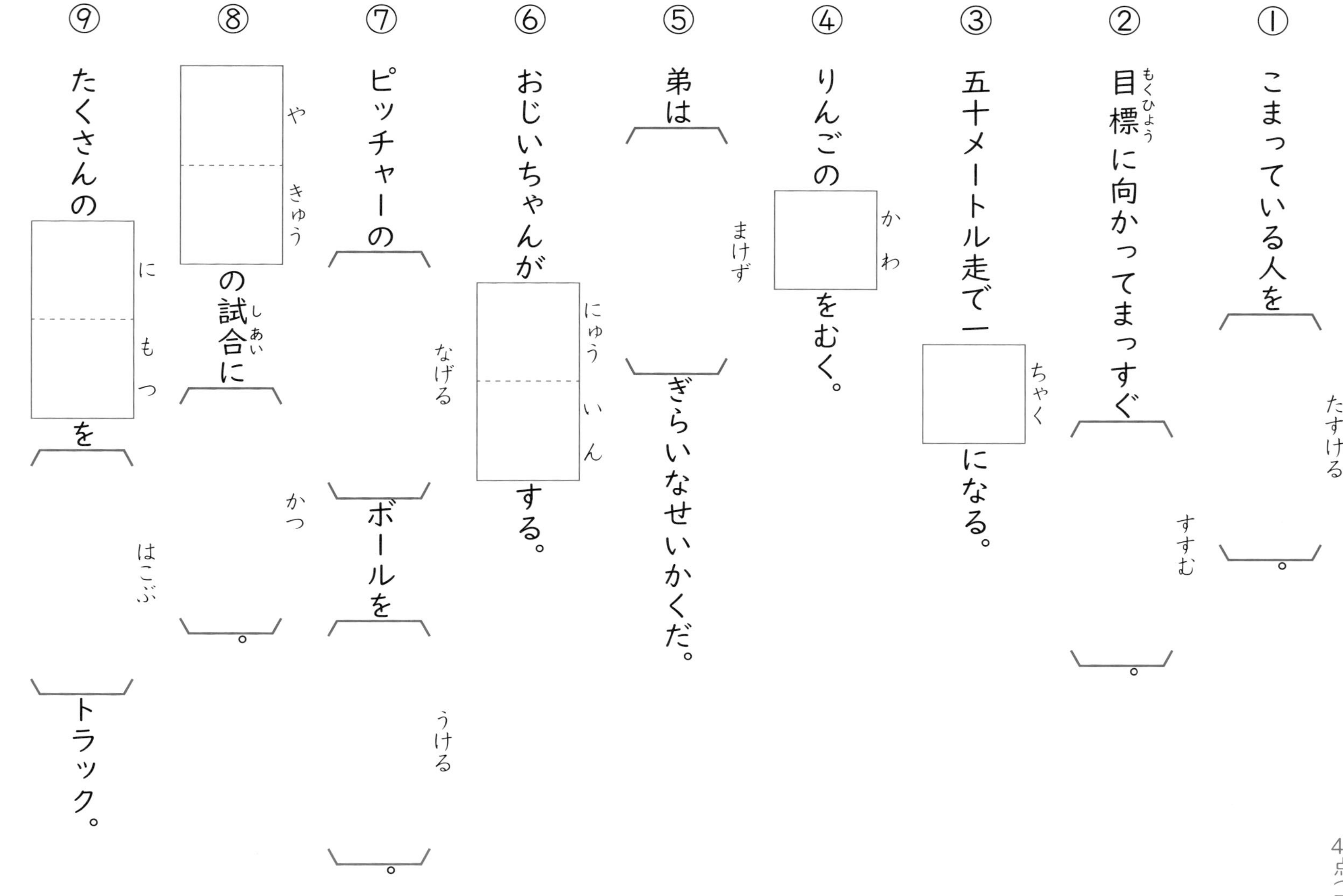

①　こまっている人を〔　　〕（たすける）。

②　目標（もくひょう）に向かってまっすぐ〔　　〕（すすむ）。

③　五十メートル走で一□（ちゃく）になる。

④　りんごの□（かわ）をむく。

⑤　弟は〔　　〕（まけず）ぎらいなせいかくだ。

⑥　おじいちゃんが□□（にゅういん）する。

⑦　ピッチャーの〔　　〕（なげる）ボールを〔　　〕（うける）。

⑧　□□（やきゅう）の試合（しあい）に〔　　〕（かつ）。

⑨　たくさんの□□（にもつ）を〔　　〕（はこぶ）トラック。

きほんのドリル 31。 せっちゃくざいの 今と昔 (1)

時間 15分　合かく80点　／100

答え 103ページ　サクッとこたえあわせ

月　日

書いておぼえよう！

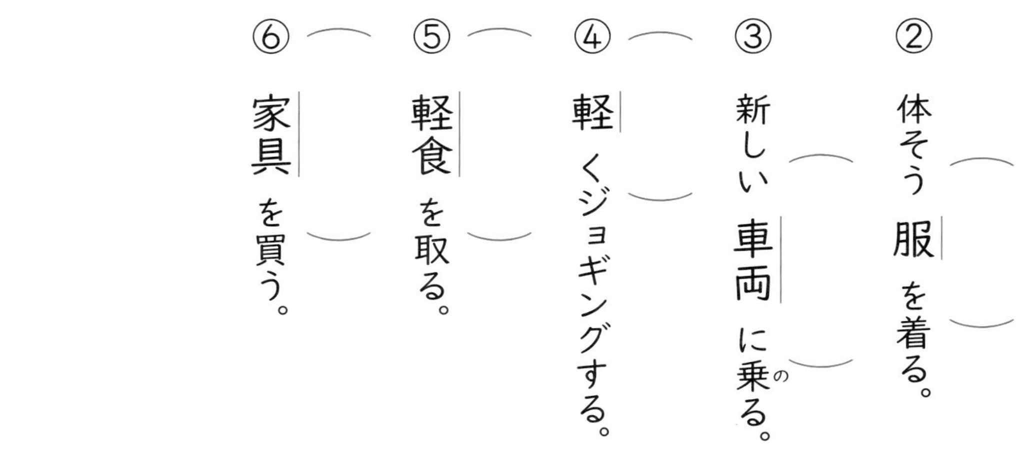

昔（むかし）　教10ページ
- 8画　長く
- 昔話（むかしばなし）　昔（むかし）の地図（ちず）
- 部首：日（ひ）

服（フク）　教10ページ
- 8画　はねる
- 服（ふく）を着（き）る　洋服（ようふく）　衣服（いふく）
- 部首：月（つきへん）

両（リョウ）　教11ページ
- 6画　はねる
- 両親（りょうしん）　両方（りょうほう）　両立（りょうりつ）
- 部首：一（いち）

軽（ケイ・かるい）　教11ページ
- 12画
- 軽（かる）い　手軽（てがる）　軽食（けいしょく）
- 部首：車（くるまへん）

具（グ）　教12ページ
- 8画　とめる
- 道具（どうぐ）　家具（かぐ）　雨具（あまぐ）　具体的（ぐたいてき）
- 部首：八（はち）

1 読みがなを書きましょう。　60点（一つ10）

① 昔（　　）の人のちえ。

② 体そう服（　　）を着る。

③ 新しい車両（　　）に乗（の）る。

④ 軽（　　）くジョギングする。

⑤ 軽食（　　）を取る。

⑥ 家具（　　）を買う。

うらのページにつづくよ！

教科書 下 8～18ページ

2 あてはまる漢字を書きましょう。

40点（一つ5）

① 妹といっしょに［むかし］［ばなし］を読む。

② 高校の［がく］［せい］［ふく］。

③ ねこと犬の［りょう］［ほう］がすきだ。

④ 大きく［りょう］［て］を広げる。

⑤ サンドイッチなどの［けい］［しょく］を出す。

⑥ テストが終わり、心が［かる］い。

⑦ 調理［どう］［ぐ］を使いこなす。

⑧ ［あま］［ぐ］を用意しておく。

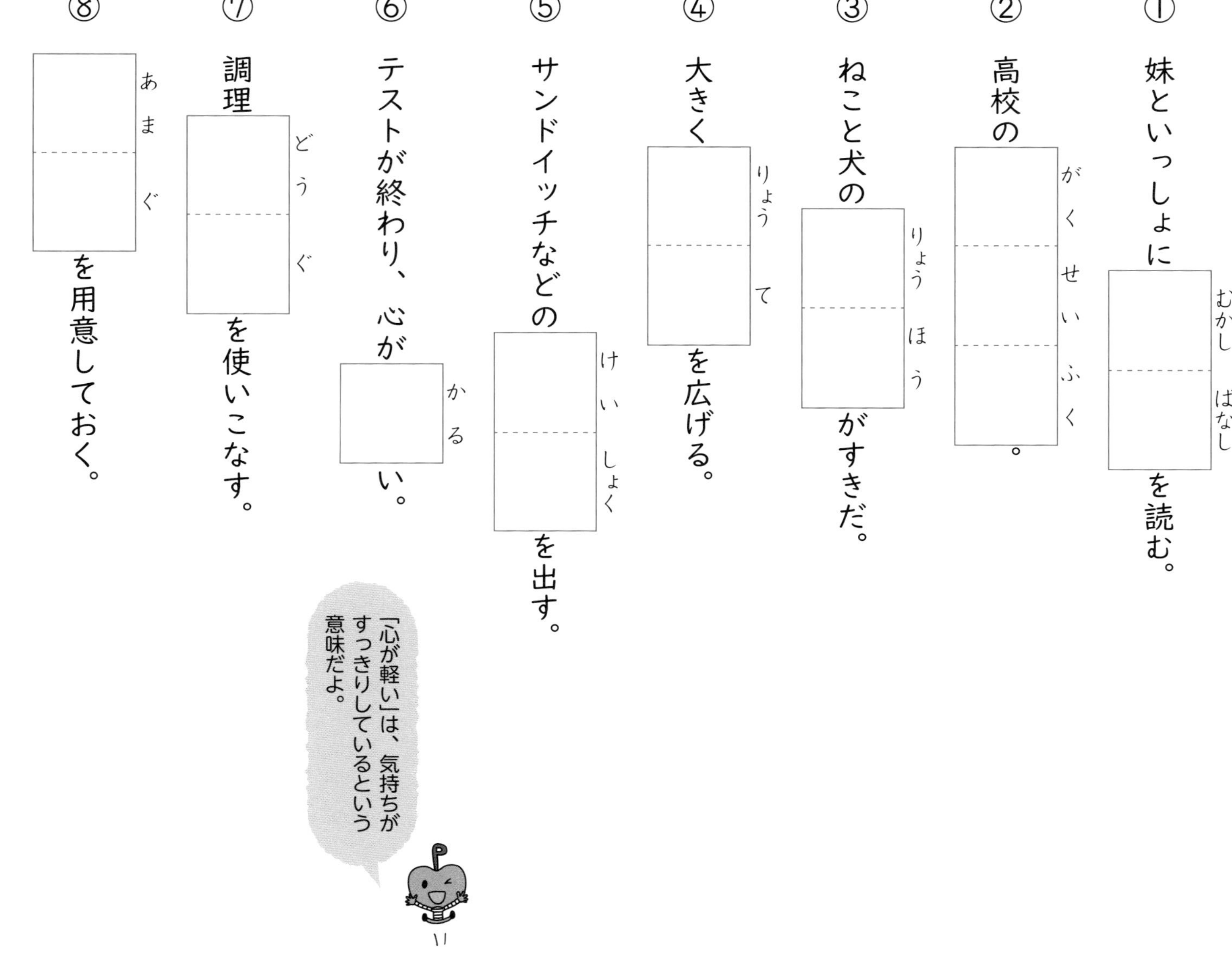

ヒント ⑦⑧「具」は、「目」の下の横ぼうをわすれないようにしましょう。

きほんのドリル 32

せっちゃくざいの今と昔 (2) 道具のひみつをつたえよう

時間 15分　合かく80点　/100

答え103ページ

月　日

書いておぼえよう！

温（教14ページ）　オン　あたた-か　あたた-かい　あたた-まる　あたた-める　（長く）　12画
温か（あたたか）　温かい（あたたかい）　温まる（あたたまる）　気温（きおん）　さんずい

度（教14ページ）　ド　9画
角度（かくど）　今度（こんど）　温度（おんど）　まだれ

美（教15ページ）　ビ　うつく-しい　9画
美しい人（うつくしいひと）　美しさ（うつくしさ）　美化（びか）　ひつじ

短（教17ページ）　タン　みじか-い　（とめる）　12画
短いひも（みじかいひも）　短所（たんしょ）　長短（ちょうたん）　やへん

整（教22ページ）　セイ　ととの-える　ととの-う　16画
整える（ととのえる）　整う（ととのう）　整理（せいり）　整数（せいすう）　のぶん（ぼくづくり）

1 読みがなを書きましょう。 60点(一つ10)

① 部屋の温度。（　　）
② 食事を温める。（　　）
③ 美術品（じゅつひん）をながめる。（　　）
④ えん筆が短くなる。（　　）
⑤ 本を整理する。（　　）
⑥ 身なりを整える。（　　）

← うらのページにつづくよ！

教科書 下8～26ページ

❷ あてはまる漢字を書きましょう。

40点（1つ5）

① ［きおん］の高い日がつづく。

② ［あたた］かいもてなしを受ける。

③ 図形の［かくど］をはかる。

④ ［びかがかり］になる。

⑤ ［うつく］しい毛なみの犬。

⑥ ［たんしょ］は、がんこなところだ。

⑦ ［みじか］いを詩を作る。

⑧ 明日のしたくが［ととの］う。

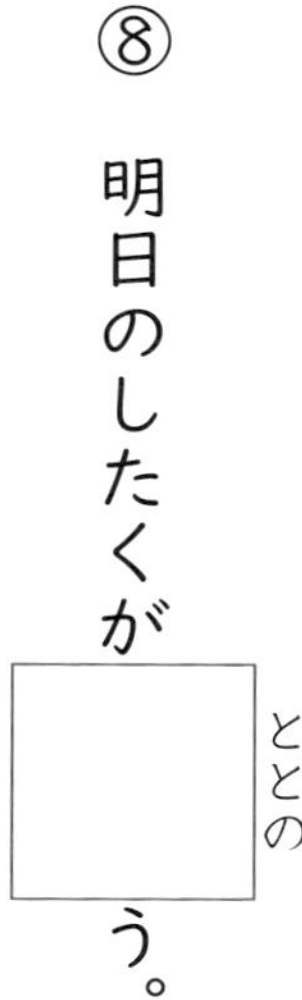

ヒント ⑧「整」は画数が多いので、部分ごとにおぼえましょう。

きほんのドリル 33 こそあど言葉

時間 15分　合かく80点　/100

サクッとこたえあわせ　答え 103ページ

月　日

書いておぼえよう！

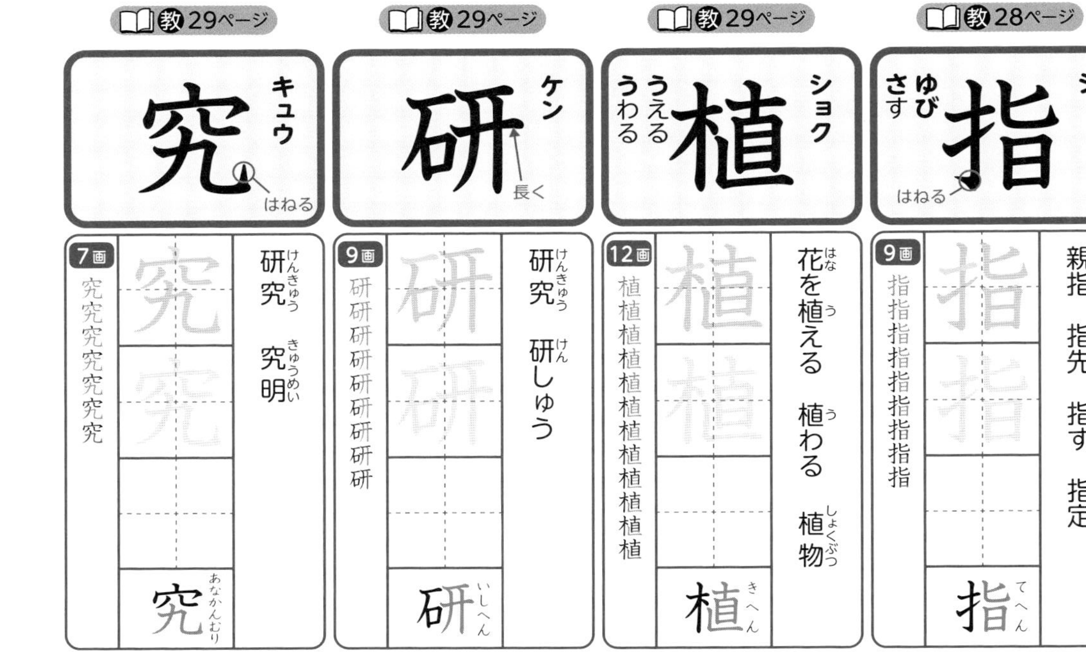

「植」の送りがなに気をつけましょう。

読んでおぼえよう！

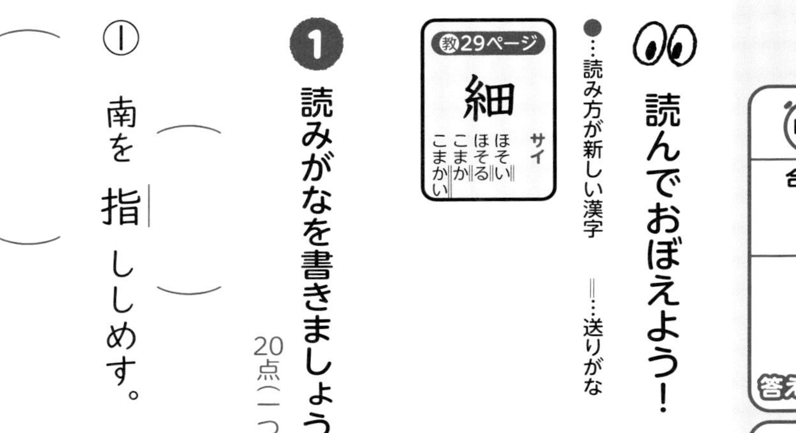

●…読み方が新しい漢字　‖…送りがな
教 29ページ
細 サイ ほそい ほそる こまか こまかい

1 読みがなを書きましょう。　20点（一つ4）

① 南を 指 しめす。（　）

② 植物 の名前。（　）

③ なえを 植 える。（　）

④ 研究者 になる。（　）

⑤ 美しい 細工。（　）

うらのページにつづくよ！

教科書 下 28〜29ページ

2 あてはまる漢字を書きましょう。　80点（一つ10）

① 次のリーダーを（しめい）する。
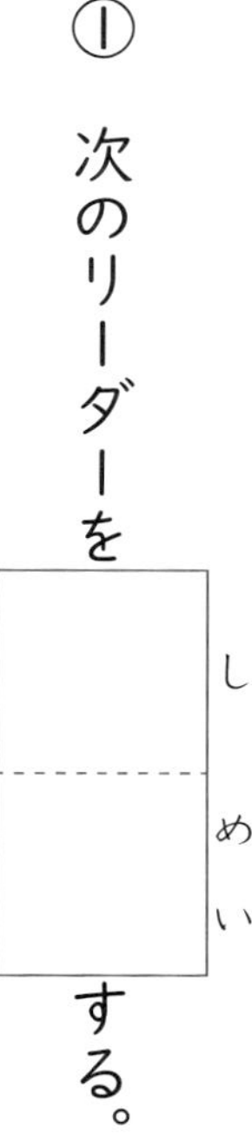

② 優勝（ゆうしょう）を（めざ）してがんばる。
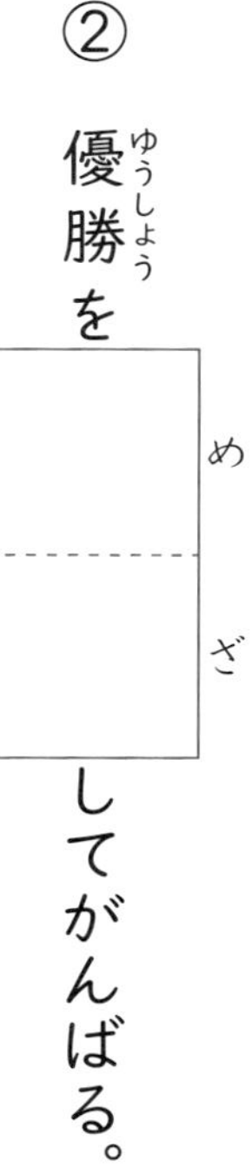

③ （おやゆび）のつめを切る。
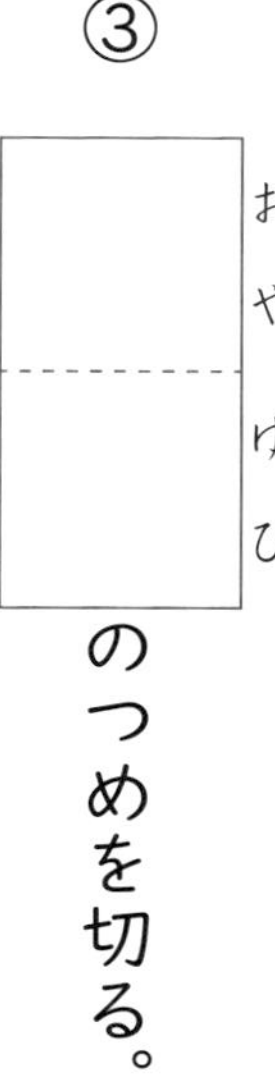

④ （しょくぶつ）図かんのページを開く。

⑤ 庭（にわ）に（う）えたみかんの木。

⑥ 花が（う）わる花だん。
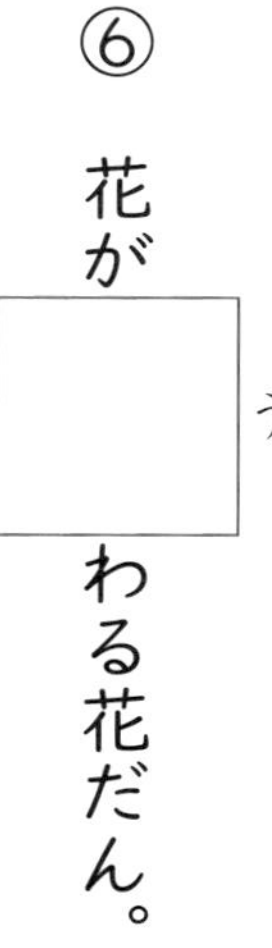

⑦ 鳥の（けんきゅう）を行う。
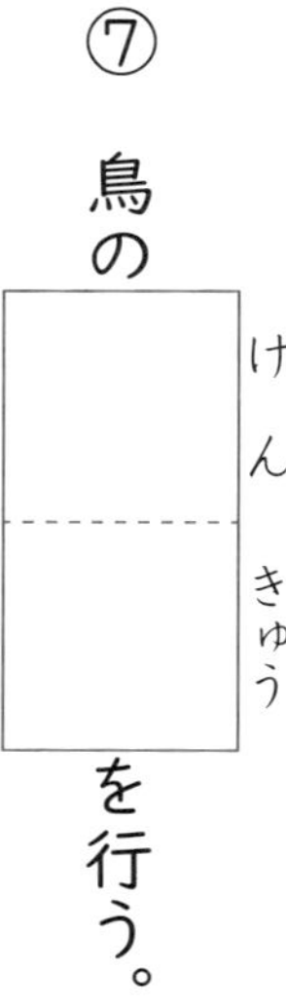

⑧ （さいぶ）にこだわった工芸品（こうげいひん）。
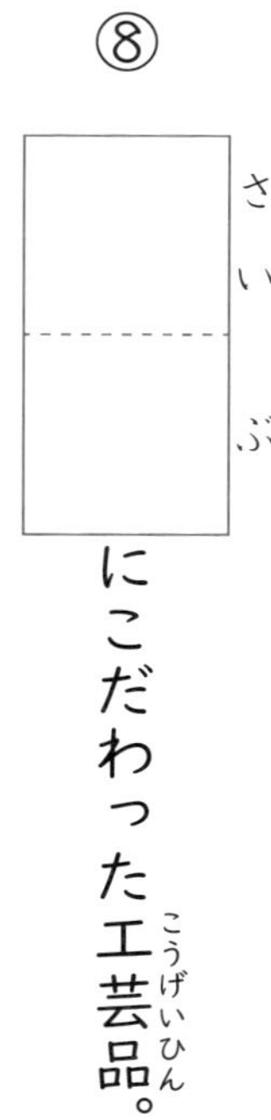

ヒント ⑦「究」の五画目は曲げます。「八」とならないように気をつけましょう。

きほんのドリル 34。

話したいな、すきな時間
漢字の読み方 (1)

書いておぼえよう！

教 31ページ
深 シン ふかい ふかまる ふかめる
11画 深深深深深深深深深深深
深い 深まる 深める 深海（しんかい）
深（さんずい）

教 31ページ
代 ダイ タイ かわる かえる よ
5画 代代代代代
代わる 千代紙（ちよがみ） 代金（だいきん） 交代（こうたい）
代（にんべん）

教 34ページ
乗 ジョウ のる のせる 長く
9画 乗乗乗乗乗乗乗乗乗
電車（でんしゃ）に乗る 乗せる 乗車（じょうしゃ）
乗（はらいぼう の）

教 34ページ
飲 イン のむ とめる
12画 飲飲飲飲飲飲飲飲飲飲飲飲
水（みず）を飲む 飲み水 飲食（いんしょく）
飲（しょくへん）

教 34ページ
流 リュウ ながれる ながす はねる
10画 流流流流流流流流流流
流れる 流し台（ながしだい） 流水（りゅうすい）
流（さんずい）

読んでおぼえよう！

●…読み方が新しい漢字

教34ページ 馬 バ うま	教34ページ 星 セイ ほし
教34ページ 頭 トウ あたま	教34ページ 雲 ウン くも

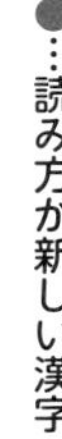

1 読みがなを書きましょう。 20点（一つ4）

① 深海（　　）の魚。

② 時代（　　）がかわる。

③ 乗馬（　　）を楽しむ。

④ 駅前（えきまえ）の飲食店（　　）。

⑤ 流星（　　）を見つける。

← うらのページにつづくよ！

2 あてはまる漢字を書きましょう。

80点（一つ10）

① 本を読んで［ふか］く感動する。

② 兄の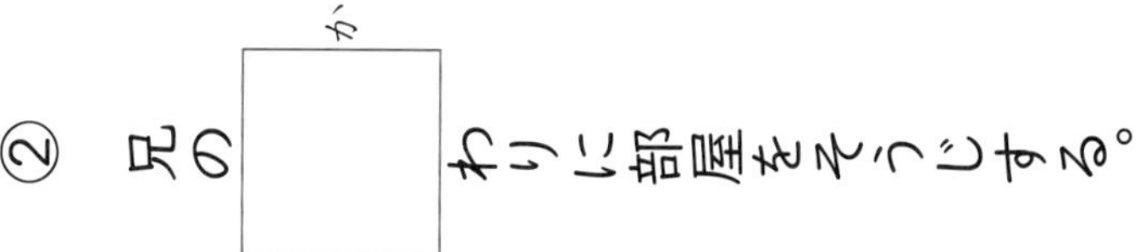［か］わりに部屋をそうじする。

③ 千（ち）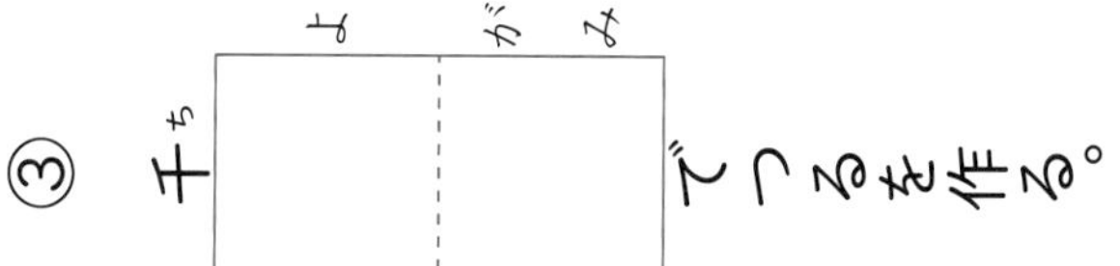［よ・がみ］でつるを作る。

④ 客を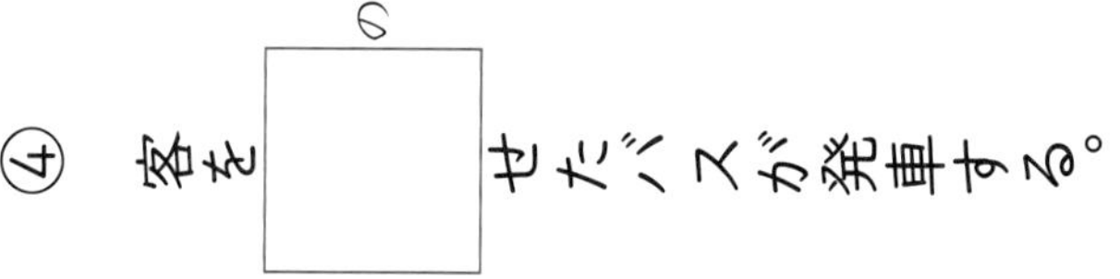［の］せたバスが発車する。

⑤ つめたいジュースを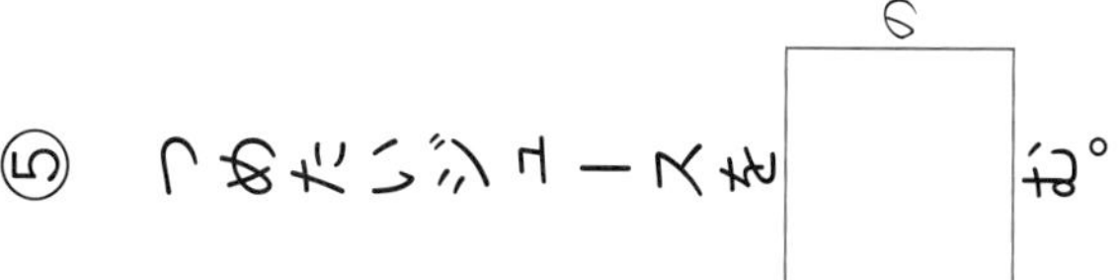［の］む。

⑥ 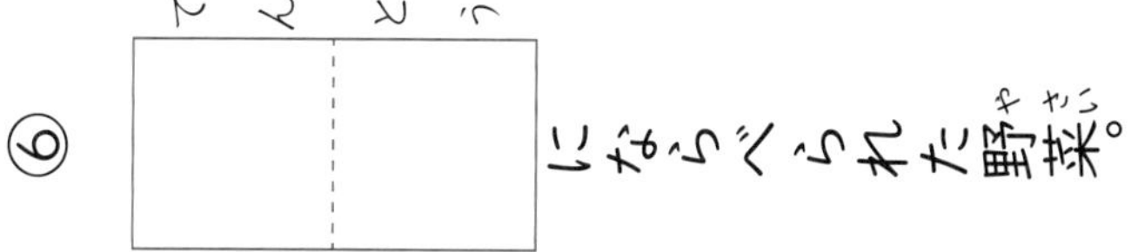［てん・とう］にならべられた野菜（やさい）。

⑦ 望遠鏡（ぼうえんきょう）で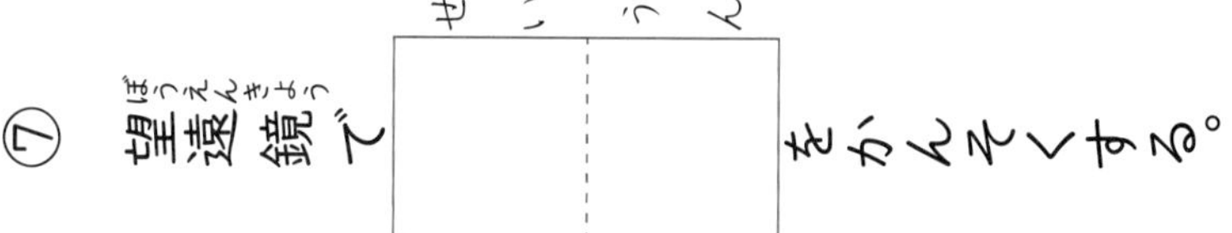［せい・うん］をかんそくする。

⑧ 川から海へ水が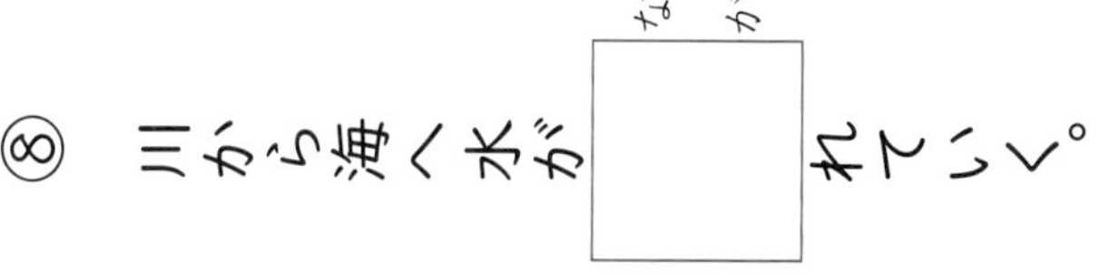［なが］れていく。

ヒント ⑤「飲」の左側（ひだりがわ）を「食」と書かないようにしましょう。

きほんのドリル 35

漢字の読み方 (2)

時間 15分　合かく80点　/100

答え 103ページ　サクッとこたえあわせ

月　日

書いておぼえよう！

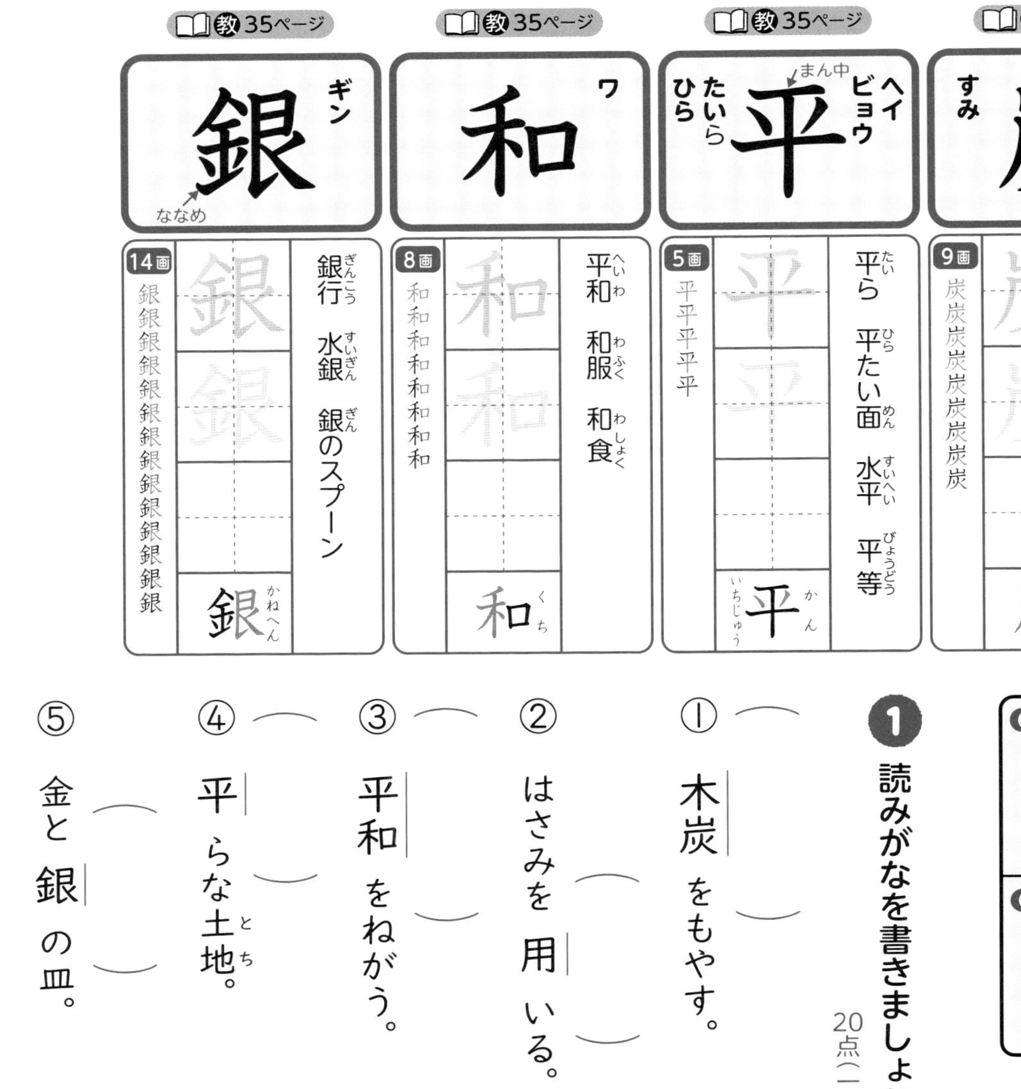

教34ページ　炭　タン　すみ　（はらう）　9画
炭火（すみび）　炭焼き（すみやき）　石炭（せきたん）　炭田（たんでん）

教35ページ　平　ヘイ　ビョウ　たいら　ひら　（まん中）　5画
平ら（たいら）　平たい面（ひらたいめん）　水平（すいへい）　平等（びょうどう）

教35ページ　和　ワ　8画
平和（へいわ）　和服（わふく）　和食（わしょく）

教35ページ　銀　ギン　（ななめ）　14画
銀行（ぎんこう）　水銀（すいぎん）　銀のスプーン

読んでおぼえよう！

●…読み方が新しい漢字　＝…送りがな

教35ページ　用　ヨウ　もちいる

教35ページ　池　チ　いけ

1 読みがなを書きましょう。　20点（一つ4）

① 木炭（　　）をもやす。

② はさみを用（　　）いる。

③ 平和（　　）をねがう。

④ 平（　　）らな土地（とち）。

⑤ 金と銀（　　）の皿。

うらのページにつづくよ！

2 あてはまる漢字を書きましょう。

80点（一つ10）

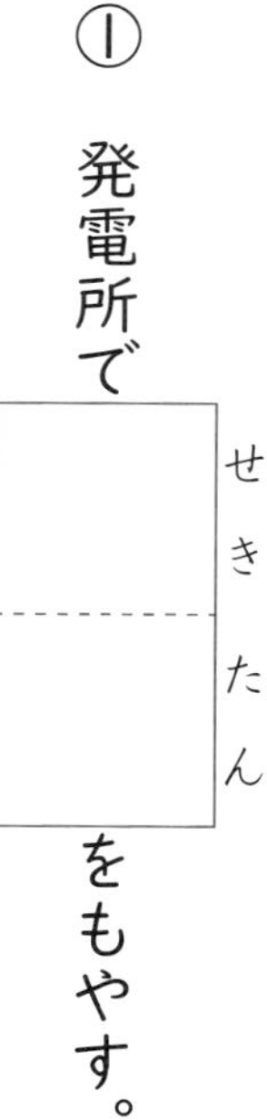

① 発電所で［せきたん］をもやす。

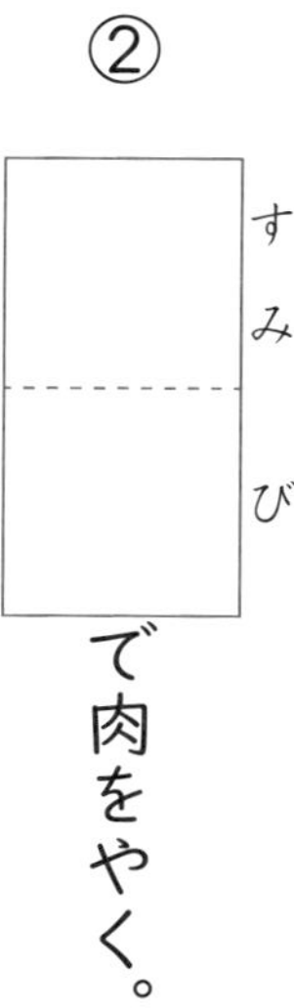

② ［すみび］で肉をやく。

③ ナイフとフォークを［もち］いて食事をする。

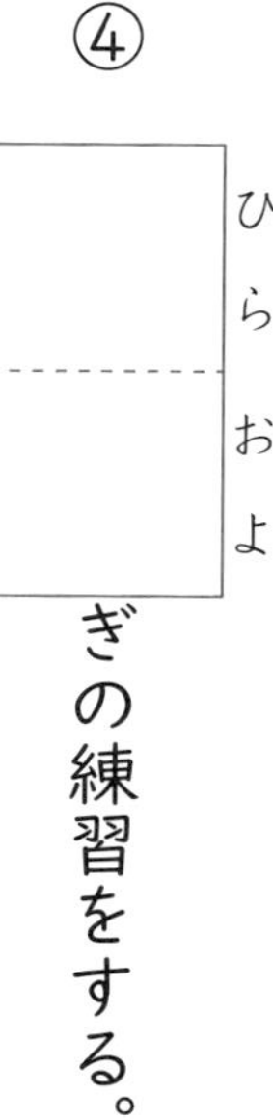

④ ［ひらおよ］ぎの練習をする。

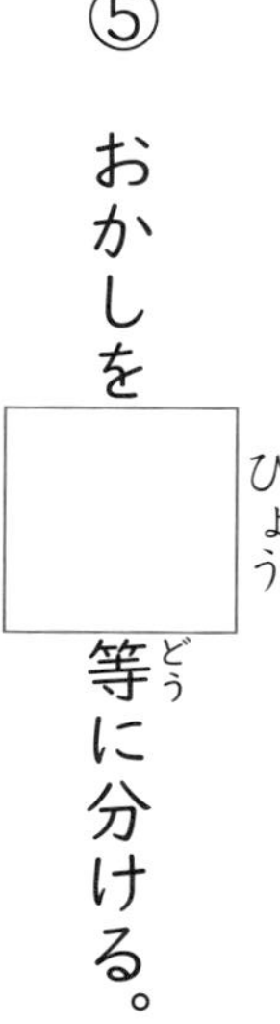

⑤ おかしを［びょう］等（どう）に分ける。

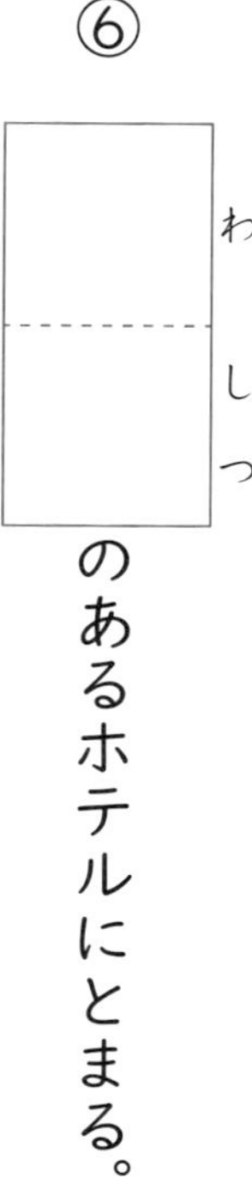

⑥ ［わしつ］のあるホテルにとまる。

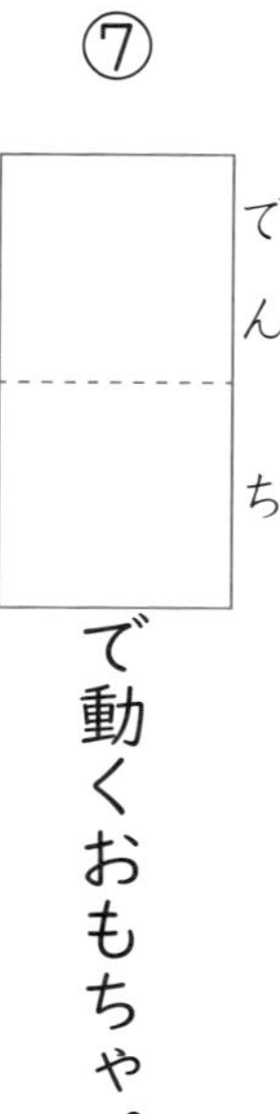

⑦ ［でんち］で動くおもちゃ。

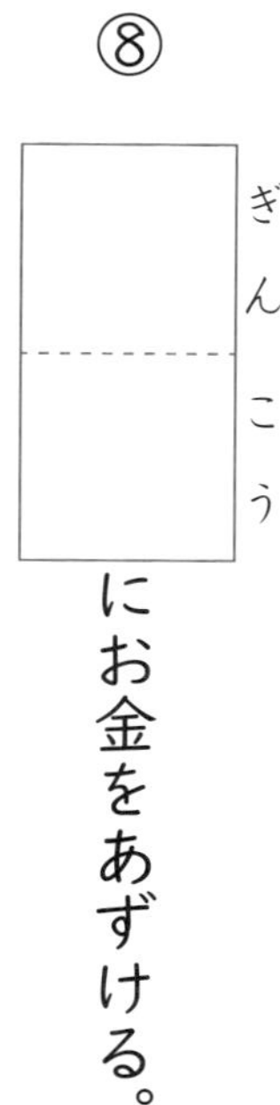

⑧ ［ぎんこう］にお金をあずける。

「和」の一画目をわすれないでね。

④⑤「平」の二・三画目の書き方に気をつけましょう。

きほんのドリル 36。 モチモチの木 (1)

時間 15分 合かく80点 /100

答え 103ページ

月　日

書いておぼえよう！

鼻（はな）　教 44ページ
14画　鼻鼻鼻鼻鼻鼻鼻鼻鼻鼻鼻鼻鼻鼻
鼻（はな）
鼻血（はなぢ）　鼻声（はなごえ）　鼻息（はないき）　鼻歌（はなうた）

神（シン・ジン・かみ）　教 45ページ
9画　神神神神神神神神神
神（しめすへん）　出る
神様（かみさま）　神話（しんわ）　神社（じんじゃ）

祭（サイ・まつる・まつり）　教 45ページ
11画　祭祭祭祭祭祭祭祭祭祭祭
祭（しめす）　出る
先祖を祭る（せんぞをまつる）　秋祭り（あきまつり）　祭日（さいじつ）

歯（シ・は）　教 47ページ
12画　歯歯歯歯歯歯歯歯歯歯歯歯
歯（は）　はなす
歯車（はぐるま）　虫歯（むしば）　歯科医（しかい）

医（イ）　教 47ページ
7画　医医医医医医医
医（かくしがまえ）
医者（いしゃ）　医学（いがく）　医院（いいん）　名医（めいい）

1 読みがなを書きましょう。　60点(一つ10)

① 鼻（　　）をくすぐる風。
② 神様（　　）にいのる。
③ お祭（　　）りが楽しみだ。
④ 明日は祭日（　　）だ。
⑤ 歯（　　）を食いしばる。
⑥ 医者（　　）にみてもらう。

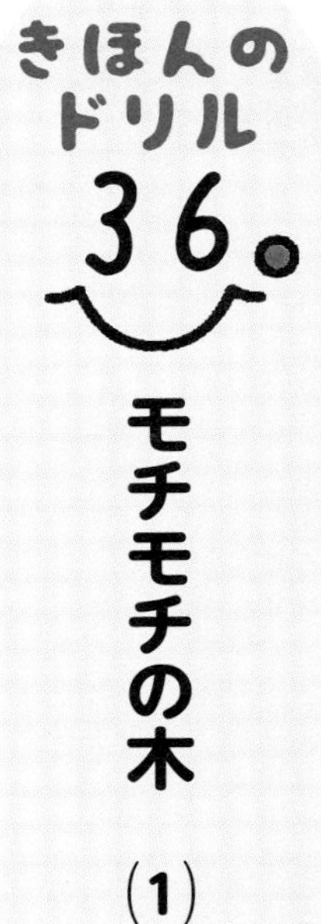

教科書 下 38〜56ページ

← うらのページにつづくよ！

2 あてはまる漢字を書きましょう。

40点（一つ5）

① かぜをひいて（はなごえ）になる。

② ギリシャ（しんわ）を読む。

③ （じんじゃ）にまいる。

④ （ぶんかさい）に行く。

⑤ （なつまつ）りが開かれる。

⑥ 兄弟そろって近くの（しか）に行く。

⑦ （むしば）をなおしてもらう。

⑧ （いがく）がめざましく進歩する。

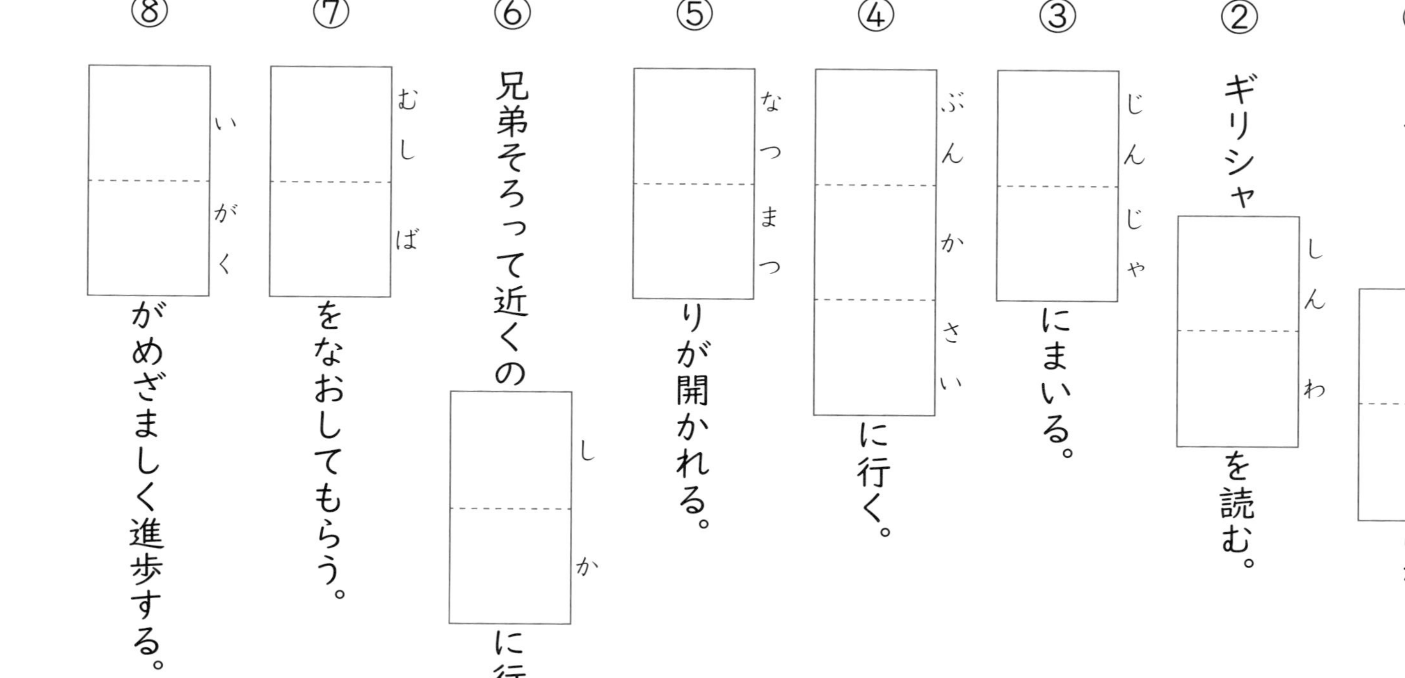

ヒント ②③「神」の右側（みぎがわ）は「申」です。たてぼうがつき出るところに気をつけましょう。

きほんのドリル 37。

モチモチの木 (2)

時間 15分
合かく80点 /100
答え 103ページ
サクッとこたえあわせ
月　日

書いておぼえよう!

教 48ページ
坂（さか）ななめ
7画　坂坂坂坂坂坂坂
坂道（さかみち）　上り坂（のぼりざか）
坂（つちへん）

教 49ページ
薬（くすり・ヤク）
16画　薬薬薬薬薬薬薬薬薬薬薬薬薬薬薬薬
薬（くすり）を飲（の）む　薬箱（くすりばこ）　火薬（かやく）
薬（くさかんむり）

教 49ページ
箱（はこ）
15画　箱箱箱箱箱箱箱箱箱箱箱箱箱箱箱
みかんの箱（はこ）　木箱（きばこ）　本箱（ほんばこ）
箱（たけかんむり）

教 52ページ
湯（ゆ・トウ）はねる
12画　湯湯湯湯湯湯湯湯湯湯湯湯
ふろの湯（ゆ）　湯気（ゆげ）　熱湯（ねっとう）
湯（さんずい）

教 53ページ
他（ほか・タ）はねる
5画　他他他他他
他（ほか）の人（ひと）　他人（たにん）　他国（たこく）　その他（た）
他（にんべん）

1 読みがなを書きましょう。　60点（一つ10）

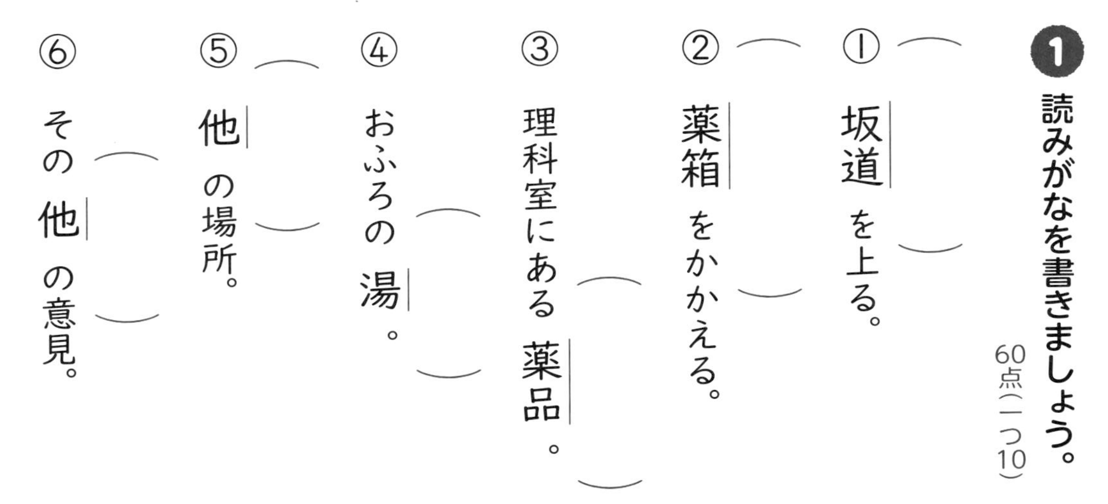

① 坂道（　）を上る。

② 薬箱（　）をかかえる。

③ 理科室にある 薬品（　）。

④ おふろの 湯（　）。

⑤ 他（　）の場所。

⑥ その 他（　）の意見。

教科書 下 38〜56ページ

← うらのページにつづくよ!

2 あてはまる漢字を書きましょう。

40点（一つ5）

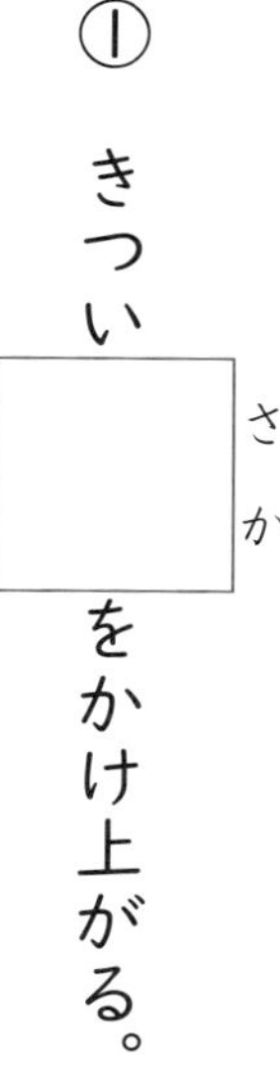

① きつい［さか］をかけ上がる。

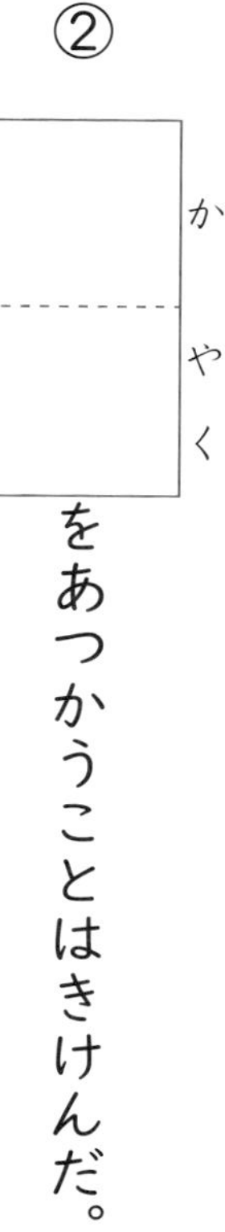

② ［かやく］をあつかうことはきけんだ。

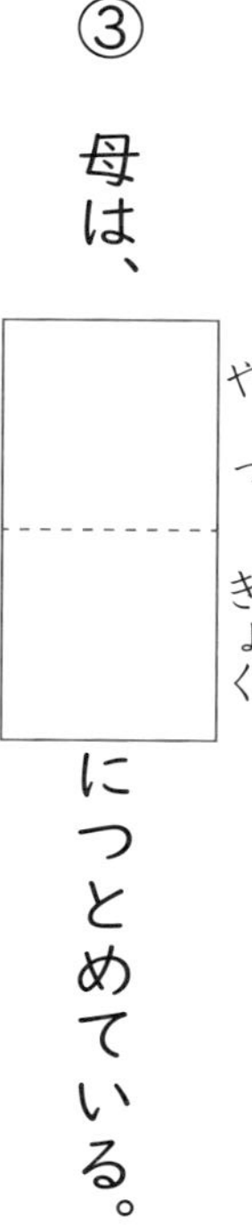

③ 母は、［やっきょく］につとめている。

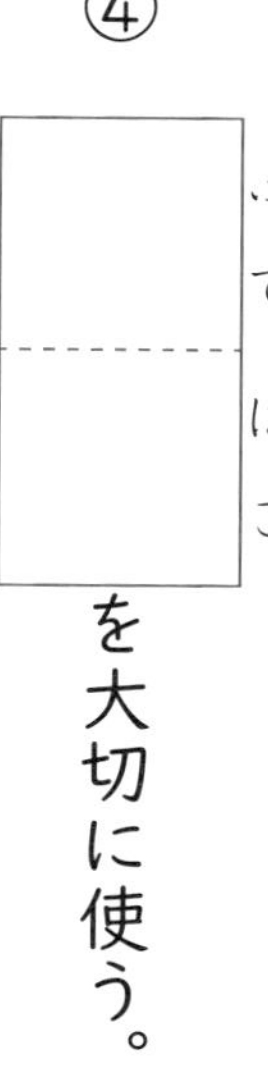

④ ［ふでばこ］を大切に使う。

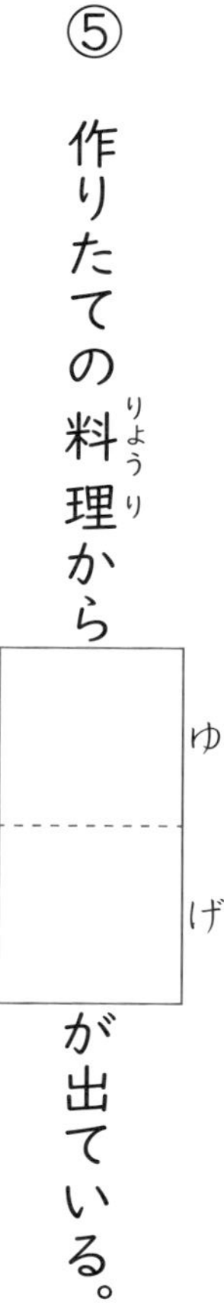

⑤ 作りたての料理（りょうり）から［ゆげ］が出ている。

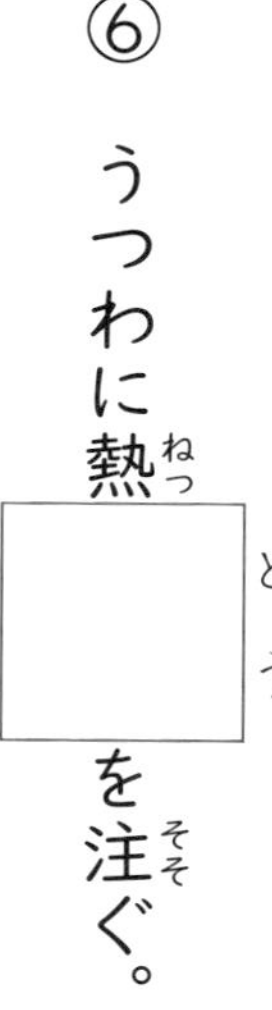

⑥ うつわに熱（ねっ）［とう］を注（そそ）ぐ。

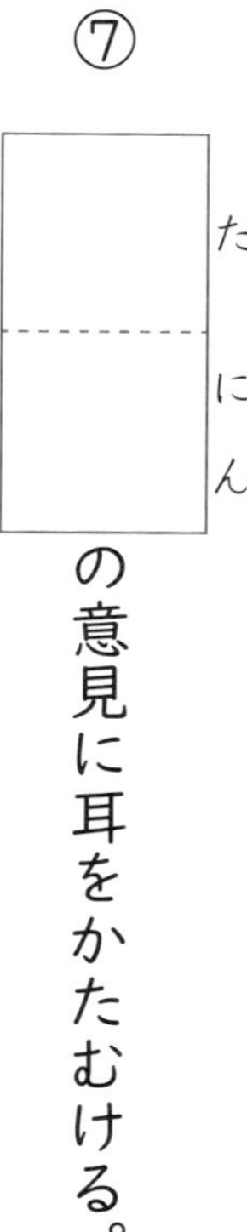

⑦ ［たにん］の意見に耳をかたむける。

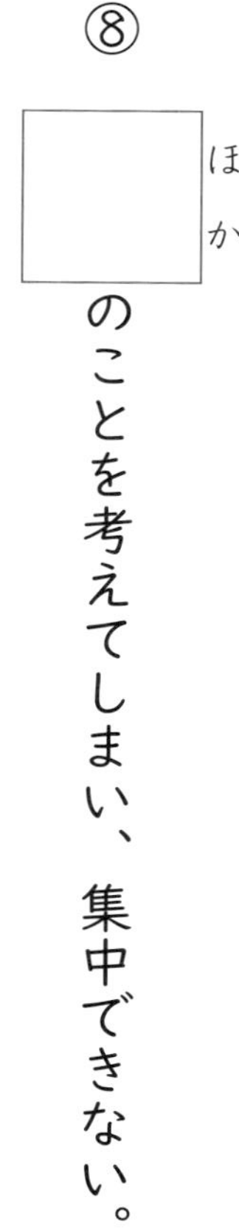

⑧ ［ほか］のことを考えてしまい、集中できない。

「湯」の右側（みぎがわ）は、「場」や「陽」の右側（みぎがわ）と同じ形です。

ヒント ⑤⑥「湯」は、「日」の下の横ぼうをわすれないようにしましょう。

きほんのドリル 38。

モチモチの木 (3) 漢字を使おう6 (1)

時間 15分　合かく80点　/100

サクッとこたえあわせ　答え 103ページ

月　日

書いておぼえよう！

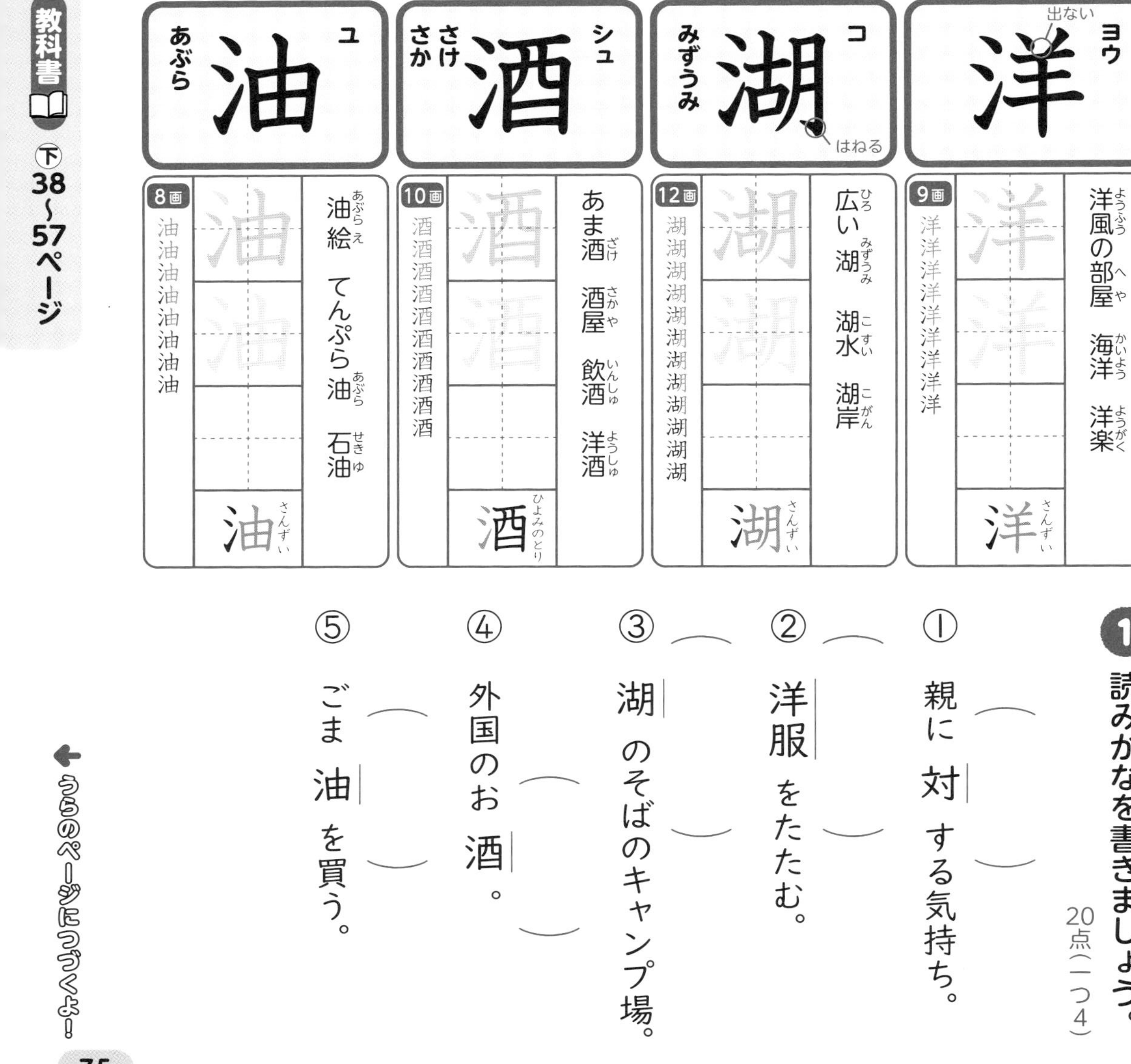

漢字	読み	教科書	画数	筆順	ことば
対	タイ	教54ページ	7画	対対対対対対対	対話（たいわ）　反対（はんたい）　対決（たいけつ）
洋	ヨウ	教57ページ	9画	洋洋洋洋洋洋洋洋洋	洋風の部屋（ようふうのへや）　海洋（かいよう）　洋楽（ようがく）
湖	コ　みずうみ	教57ページ	12画	湖湖湖湖湖湖湖湖湖湖湖湖	広い湖（ひろいみずうみ）　湖水（こすい）　湖岸（こがん）
酒	シュ　さけ　さか	教57ページ	10画	酒酒酒酒酒酒酒酒酒酒	あま酒（あまざけ）　酒屋（さかや）　飲酒（いんしゅ）　洋酒（ようしゅ）
油	ユ　あぶら	教57ページ	8画	油油油油油油油油	油絵（あぶらえ）　てんぷら油（てんぷらあぶら）　石油（せきゆ）

対：はねる　洋：出ない　湖：はねる

対（すん）　洋（さんずい）　湖（さんずい）　酒（ひよみのとり）　油（さんずい）

読んでおぼえよう！

●…読み方が新しい漢字

教57ページ　里（リ・さと）

1 読みがなを書きましょう。　20点（一つ4）

① 親に 対 する気持ち。（　　）

② 洋服 をたたむ。（　　）

③ 湖 のそばのキャンプ場。（　　）

④ 外国のお 酒 。（　　）

⑤ ごま 油 を買う。（　　）

教科書 下38～57ページ

うらのページにつづくよ！

2 あてはまる漢字を書きましょう。

80点（一つ10）

① □□（たいわ）をくり返す。

② おいしい□□（ようしょく）を出すレストラン。

③ □□（こすい）がきらきらとかがやく。

④ □□□（にほんしゅ）のくらを見学する。

⑤ ひな祭りのあま□（ざけ）。

⑥ 冬に向けて□□（せきゆ）ストーブを用意する。

⑦ □□（あぶらえ）を習い始める。

⑧ 三年ぶりに郷（きょう）□（り）へ帰る。

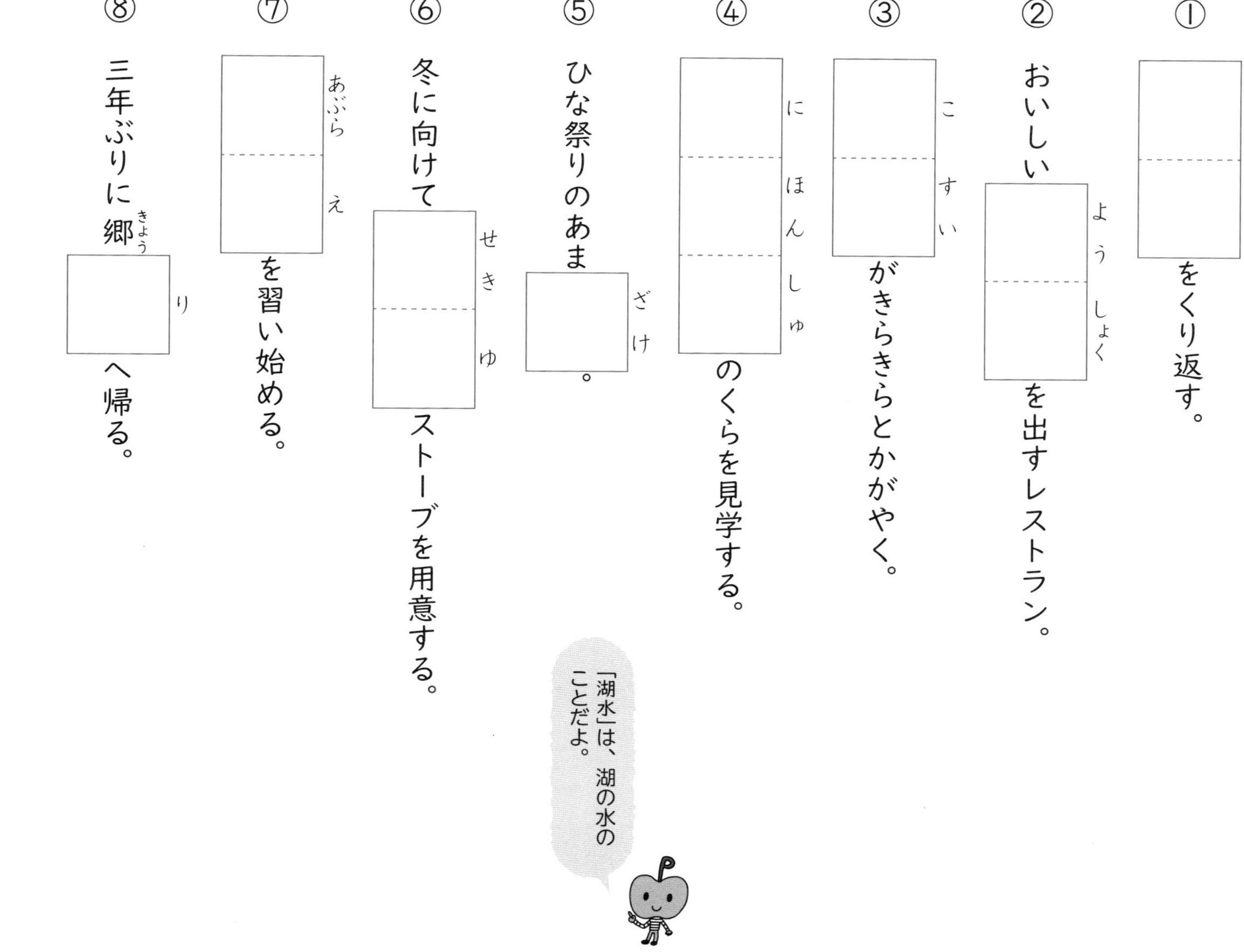

ヒント ④⑤「酒」の右側（みぎがわ）は「西」ではありません。横ぼうをわすれないようにしましょう。

漢字を使おう6 (2) 人物の気持ちを表す言葉 いろいろなつたえ方

時間 15分　合かく80点　/100

サクッとこたえあわせ 答え103ページ

月　日

書いておぼえよう！

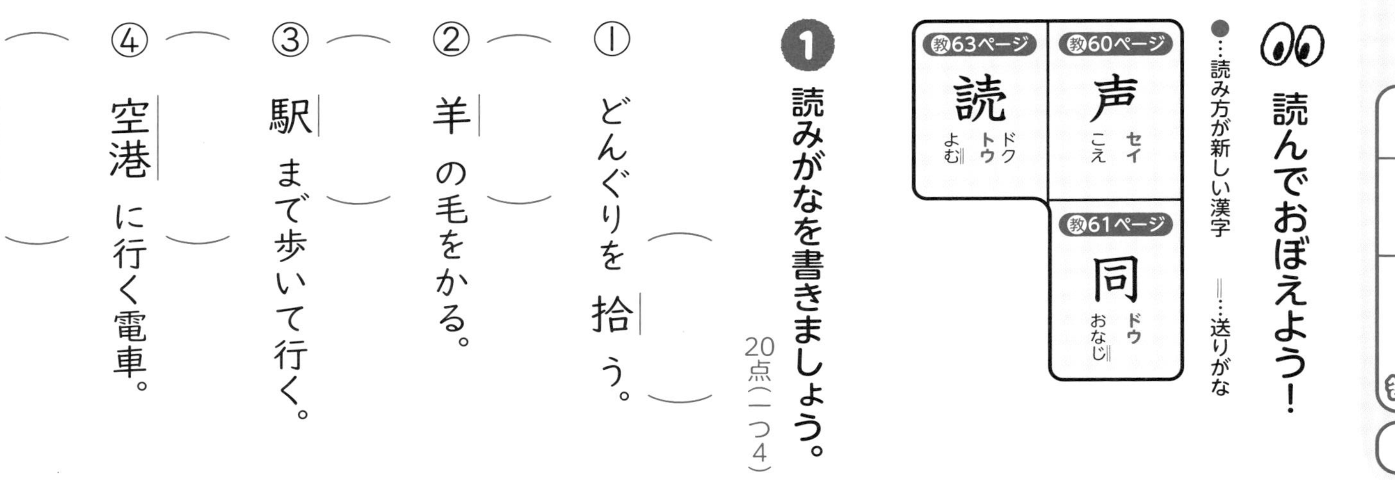

教57ページ　拾　ひろう　はねる　9画
お金を拾う　拾い物　命拾い　拾（てへん）

教58ページ　羊　ヨウ　ひつじ　長く　6画
白い羊　子羊　羊毛　羊（ひつじ）

教62ページ　駅　エキ　14画
東京駅　駅長　駅員　駅（うまへん）

教62ページ　港　コウ　みなと　はねる　12画
港町　空港　出港　港（さんずい）

教62ページ　界　カイ　9画
世界　下界　他界　界（た）

読んでおぼえよう！

●…読み方が新しい漢字　‖…送りがな

教60ページ　声　セイ　こえ
教61ページ　同　ドウ　おな‖じ
教63ページ　読　ドク　トウ　よ‖む

1 読みがなを書きましょう。 20点（一つ4）

① どんぐりを 拾う。
② 羊 の毛をかる。
③ 駅 まで歩いて行く。
④ 空港 に行く電車。
⑤ 世界 地図をながめる。

うらのページにつづくよ！

2 あてはまる漢字を書きましょう。

80点（一つ10）

① 通学路でさいふを［ひろ］う。

② ［よう］毛（もう）であんだセーター。

③ 文字と［おん｜せい］でつたえる。

④ 二人が［どう｜じ］に話し出す。

⑤ ［えき｜ちょう］の仕事を教えてもらう。

⑥ ［みなと｜まち］にある大きな魚市場。

⑦ ［せ｜かい］中のおいしい食べ物。

⑧ 文に［とう｜てん］をつける。

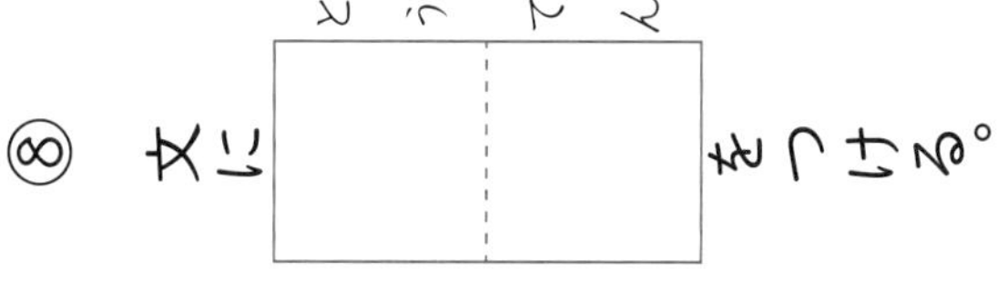

きほんのドリル 40。

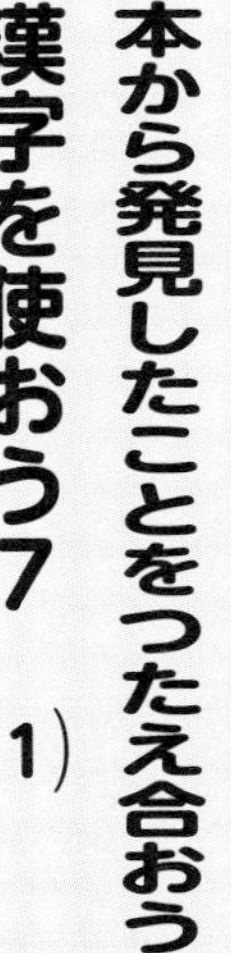

本から発見したことをつたえ合おう 漢字を使おう7 (1)

サクッとこたえあわせ

書いておぼえよう！

期（キ）	勉（ベン）	級（キュウ）	式（シキ）
教64ページ	教64ページ	教68ページ	教68ページ
はねる	はねる		ななめ
12画 期期期期期期期期期期期期	10画 勉勉勉勉勉勉勉勉勉勉	9画 級級級級級級級級級	6画 式式式式式式
期（つき）	勉（ちから）	級（いとへん）	式（しきがまえ）
長期（ちょうき）　二学期（にがっき）　予期（よき）　期間（きかん）	勉強（べんきょう）　勉学（べんがく）	学級（がっきゅう）　級友（きゅうゆう）　上級（じょうきゅう）	計算式（けいさんしき）　形式（けいしき）　正式（せいしき）　開会式（かいかいしき）

とめはねに気をつけて書きましょう。

1 読みがなを書きましょう。 60点（一つ10）

① 二学期が始まる。（　　）

② 長期の休み。（　　）

③ 勉強をつづける。（　　）

④ 六年生に進級する。（　　）

⑤ 同級生と遊ぶ。（　　）

⑥ 小学校の入学式。（　　）

うらのページにつづくよ！

2 あてはまる漢字を書きましょう。

40点（一つ5）

① 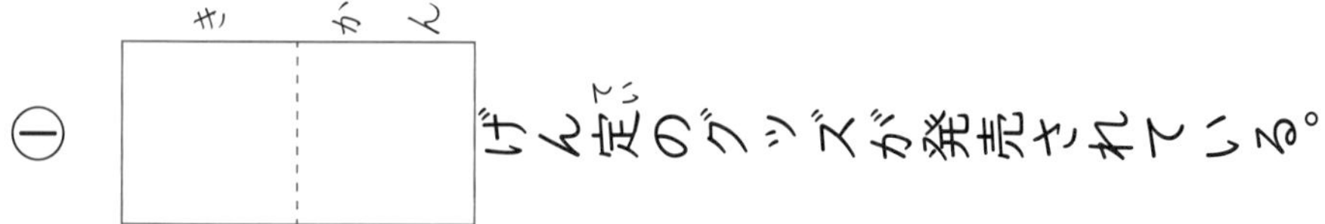（きかん）げん定（てい）のグッズが発売されている。

② さくらの花のさく 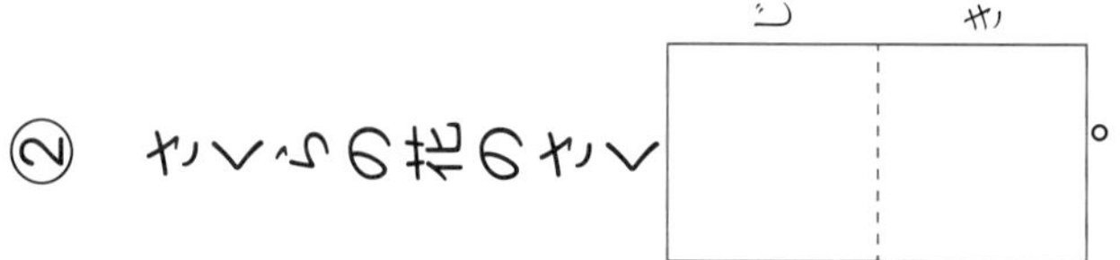（じき）。

③ 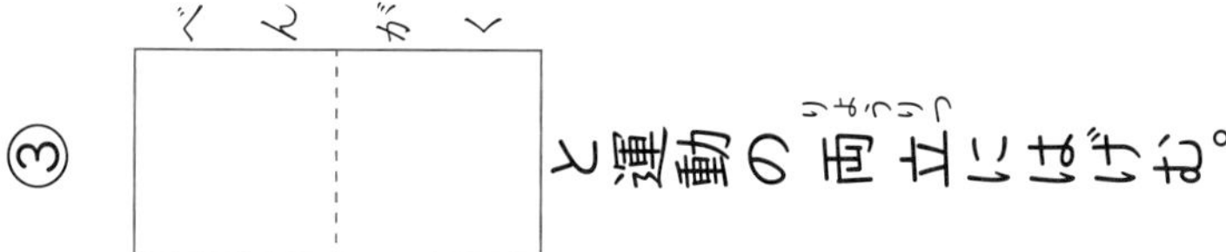（べんがく）と運動の両立（りょうりつ）にはげむ。

④ 図書館で 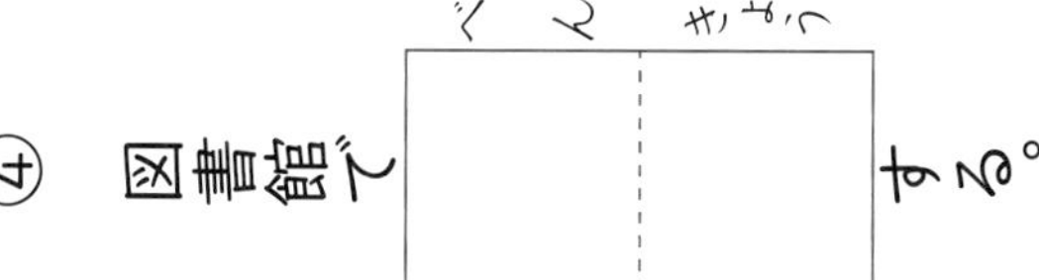（べんきょう）する。

⑤ （がっきゅう）新聞（しんぶん）をかべにはる。

⑥ （じょうきゅうせい）と登校する。

⑦ 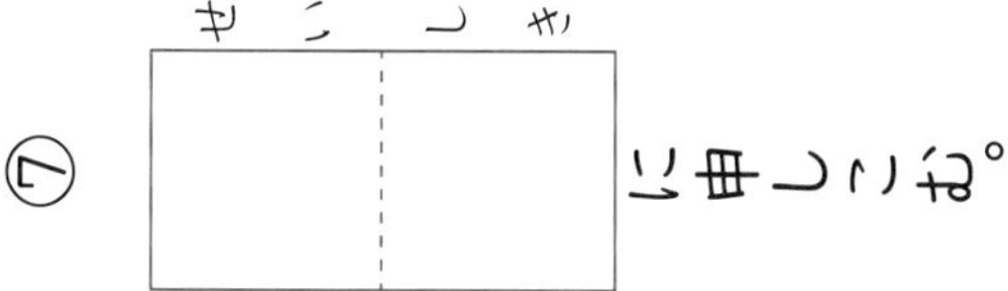（せいしき）に申しこむ。

⑧ 組み立て 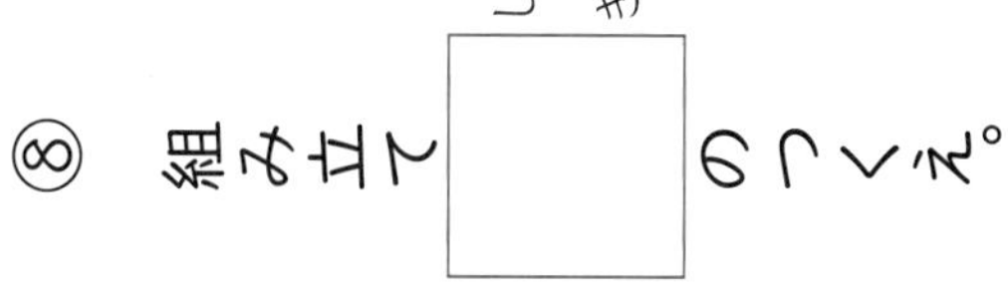（しき）のつくえ。

「級」の右側（みぎがわ）の形に気をつけよう。

ヒント ①②「期」の左側（ひだりがわ）は、つき出るところと出ないところに気をつけましょう。

きほんのドリル 41。 漢字を使おう7 (2)

時間 15分
合かく80点 ／100
答え 104ページ
サクッとこたえあわせ
月　日

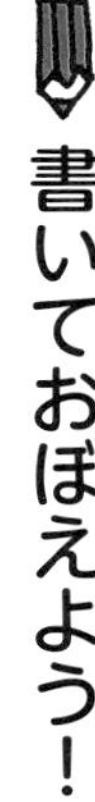

書いておぼえよう！

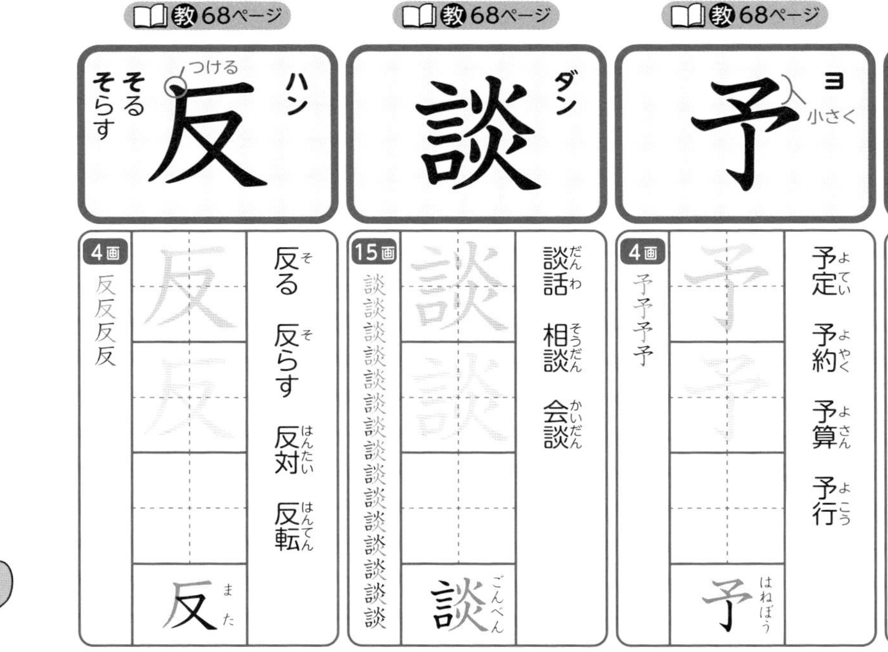

教 68ページ
列 レツ（はねる）
6画 列列列列列列
列車（れっしゃ）　列島（れっとう）　行列（ぎょうれつ）　参列（さんれつ）
列（りっとう）

教 68ページ
予 ヨ（小さく）
4画 予予予予
予定（よてい）　予約（よやく）　予算（よさん）　予行（よこう）
予（はねぼう）

教 68ページ
談 ダン
15画 談談談談談談談談談談談談談談談
談話（だんわ）　相談（そうだん）　会談（かいだん）
談（ごんべん）

教 68ページ
反 ハン　そる　そらす（つける）
4画 反反反反
反る（そる）　反らす（そらす）　反対（はんたい）　反転（はんてん）
反（また）

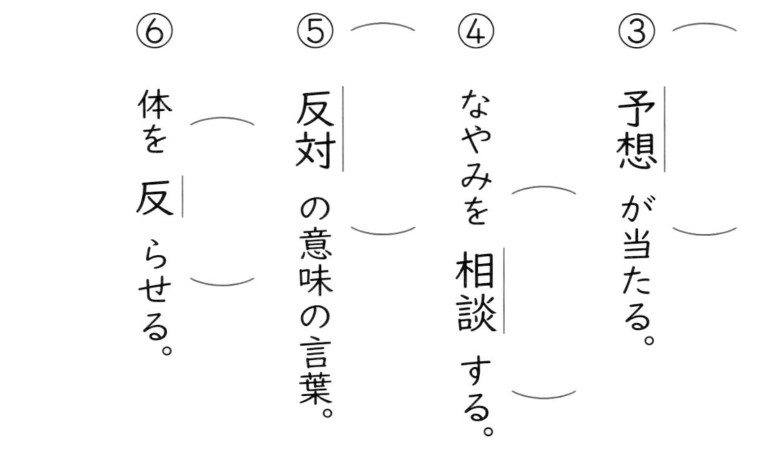

1 読みがなを書きましょう。 60点(一つ10)

① きちんと 整列 する。（　　）

② 予習 をする。（　　）

③ 予想 が当たる。（　　）

④ なやみを 相談 する。（　　）

⑤ 反対 の意味の言葉。（　　）

⑥ 体を 反 らせる。（　　）

送りがなに注意（ちゅうい）しよう。

教科書 下 68ページ

うらのページにつづくよ！

2 あてはまる漢字を書きましょう。

40点（一つ5）

① 人気の店に［ぎょうれつ］ができる。

② 特急（とっきゅう）［れっしゃ］に乗る。

③ 来週の［よ］定（てい）をたしかめる。

④ おこづかいの［よさん］を立てる。

⑤ 友だちの［そうだん］を受ける。

⑥ 国のトップどうしの［かいだん］が行われる。

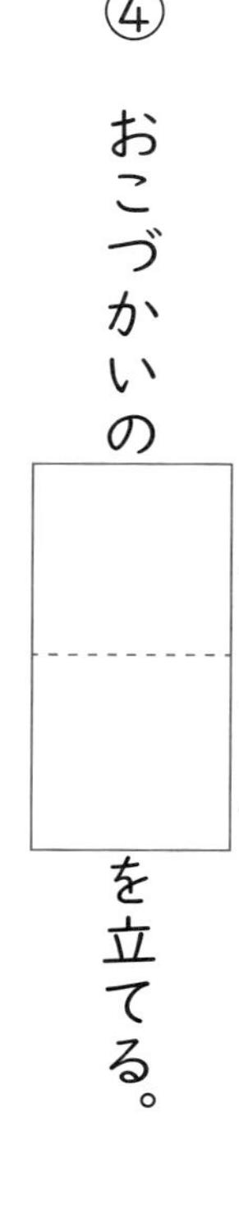

⑦ ヨットを［はん］転（てん）させて、港にもどる。

⑧ ねこがしっぽを［そ］らす。

ヒント ③④「予」は、二画目をわすれないようにしましょう。

冬休みのホームテスト

42. 九月から十二月に習った漢字と言葉

時間 20分
合かく80点
/100
サクッとこたえあわせ
答え104ページ
月　日

1 漢字の読みがなを書きましょう。 14点（一つ2）

① 近所の歯科医（　）にかかる。

② 湖（　）のほとりの神社（　）にまいる。

③ 昔（　）の祭（　）りの様子をおばあちゃんに聞く。

④ 深海（　）にすむ生物の研究（　）をする。

2 あてはまる漢字を書きましょう。〔　〕には漢字とひらがなを書きましょう。 14点（一つ2）

① 花だんに花のたねを〔うえる〕。

② お気に入りの□□（ようふく）に□（あぶら）のしみがつく。

③ お□（ゆ）の□□（おんど）をたしかめる。

④ □□□（さんがっき）も□□（べんきょう）をがんばる。

うらのページにつづくよ！

3 ――の漢字の読みがなを書きましょう。 24点（一つ3）

① 父の洋酒。（　　） 町の酒屋。（　　）

② 石炭をもやす。（　　） 炭でやく。（　　）

③ 船が出港する。（　　） 大きな港町。（　　）

④ 他校から来る。（　　） 他の人の意見。（　　）

4 次の言葉を、漢字と送りがなで書きましょう。 24点（一つ4）

① ばける〔　　〕 ② ながれる〔　　〕

③ みじかい〔　　〕 ④ かるい〔　　〕

⑤ たいら〔　　〕 ⑥ ひろう〔　　〕

5 次の二字じゅく語をかんせいさせましょう。 24点（一つ4）

① 薬（くすり）□（ばこ） ② □（さか）道（みち） ③ □（はん）対（たい）

④ □（いん）食（しょく） ⑤ □（せい）列（れつ） ⑥ □（りょう）方（ほう）

きほんのドリル 43。

俳句に親しもう カミツキガメは悪者か (1)

時間 15分　合かく80点　/100　答え 104ページ　サクッとこたえあわせ

月　日

書いておぼえよう！

教70ページ

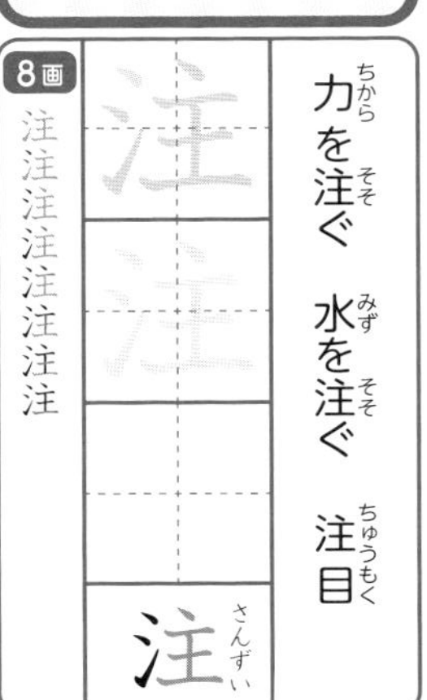

力を注ぐ　水を注ぐ　注目

教75ページ

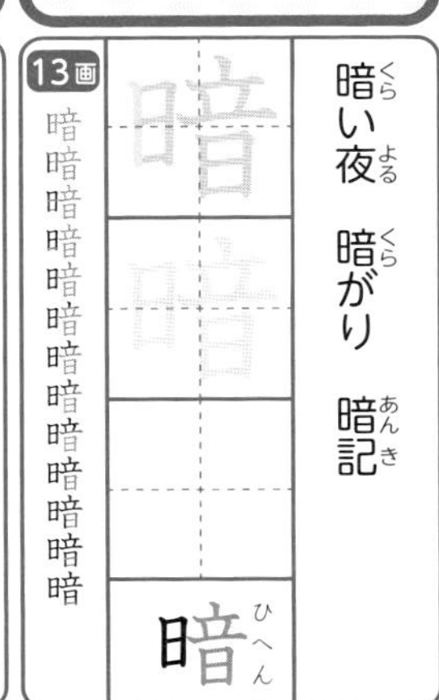

暗い夜　暗がり　暗記

教78ページ

悪い　悪者　悪人　悪事

教80ページ

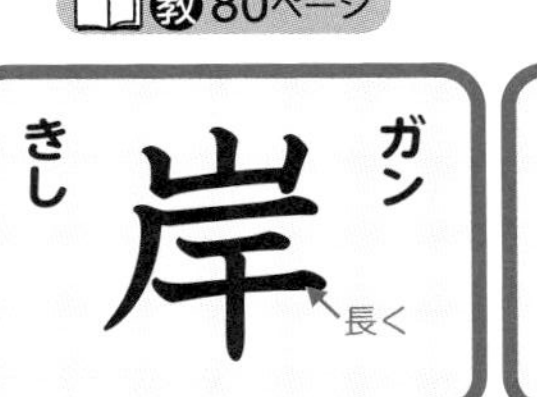

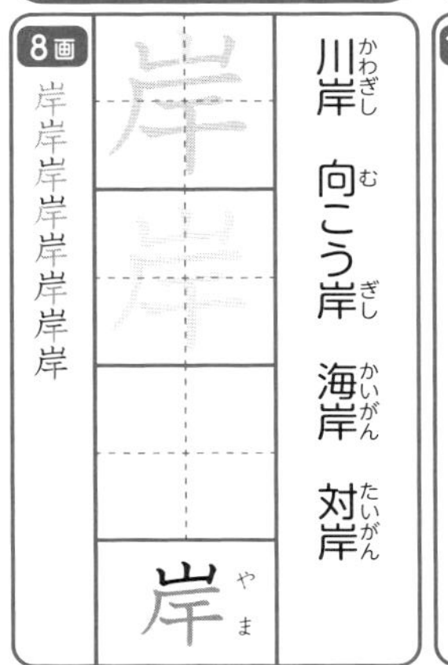

川岸　向こう岸　海岸　対岸

「岸」の「干」を「千」と書かないように気をつけてね。

読んでおぼえよう！

●…読み方が新しい漢字　＝…送りがな

1 読みがなを書きましょう。 20点(一つ4)

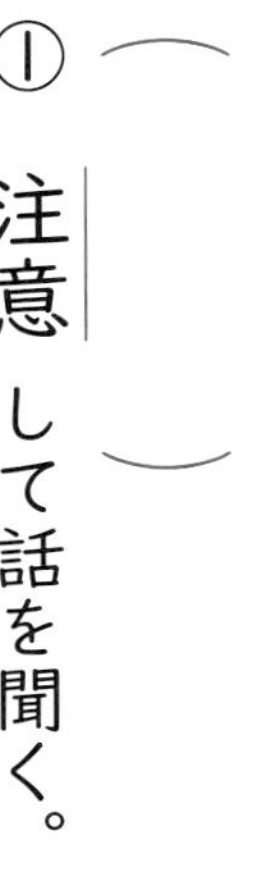

① 注意（　　）して話を聞く。

② お茶を注（　　）ぐ。

③ 詩を暗（　　）唱（しょう）する。

④ 悪者（　　）をたいじする。

⑤ 向こう岸（　　）へわたる。

← うらのページにつづくよ！

2 あてはまる漢字を書きましょう。

80点（一つ10）

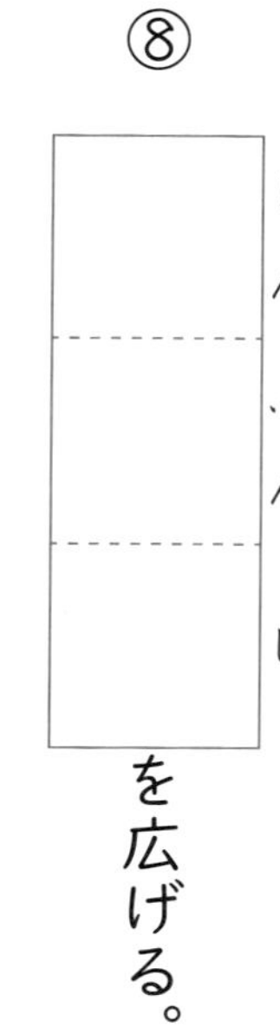

① コップに水を［　　］（そそ）ぐ。

② ［　　］（ちくりん）の中を歩く。

③ 詩を［　　］（あんき）する。

④ 日がしずんで、あたりが［　　］（くら）くなる。

⑤ かくしていた［　　］（あくじ）が発覚（はっかく）する。

⑥ 明日は、天気が［　　］（わる）いようだ。

⑦ ［　　］（かいがん）に波（なみ）が打ちよせる。

⑧ ［　　］（しんぶんし）を広げる。

ヒント ⑦「岸」の「干」を、「千」としないように気をつけましょう。

きほんのドリル 44。

カミツキガメは悪者か(1)(2)
漢字を使おう8

時間 15分
合かく80点　／100
答え 104ページ
サクッとこたえあわせ
月　日

書いておぼえよう！

教91ページ　昭（ショウ）　出ない　9画
昭和（しょうわ）の時代（じだい）
昭（ひへん）
昭昭昭昭昭昭昭昭昭

教91ページ　商（ショウ）　はねる　11画
商売（しょうばい）　商業（しょうぎょう）　商品（しょうひん）
商（くち）
商商商商商商商商商商商

教87ページ　悲（ヒ）　かなしい　かなしむ　12画
悲（かな）しい話（はなし）　悲（かな）しむ　悲鳴（ひめい）
悲（こころ）
悲悲悲悲悲悲悲悲悲悲悲悲

教86ページ　幸（コウ）　さいわい　しあわせ　長く　8画
幸（さいわ）い　幸（しあわ）せな人（ひと）　幸運（こううん）
幸（いちじゅう・かん）
幸幸幸幸幸幸幸幸

教85ページ　放（ホウ）　はなす・はなつ　はなれる　ほうる　8画
放（はな）す　放（はな）つ　放（はな）れる　放送（ほうそう）
放（ぼくづくり・のぶん）
放放放放放放放放

読んでおぼえよう！

●…とくべつな読み方をする漢字

教91ページ　八百屋（やおや）

1 読みがなを書きましょう。　20点（一つ4）

① ボールを高く放る。（　　）

② 幸せを感じる。（　　）

③ 悲しい顔をする。（　　）

④ 町の商店街（がい）。（　　）

⑤ 父は昭和生まれだ。（　　）

うらのページにつづくよ！

教科書 下76～91ページ

2 あてはまる漢字を書きましょう。

80点（一つ10）

① 昼休みの校内［ほうそう］が楽しみだ。

② つったばかりの魚を海に［はな］す。

③ ［さいわ］い、やくそくの時間には間に合った。

④ ［こう］福(ふく)にめぐまれる。

⑤ ［かな］しみで、むねがいっぱいになる。

⑥ ［しょうばい］はんじょうをねがう。

⑦ ［しょうわ］の時代の出来事。

⑧ ［やおや］で大根を買う。

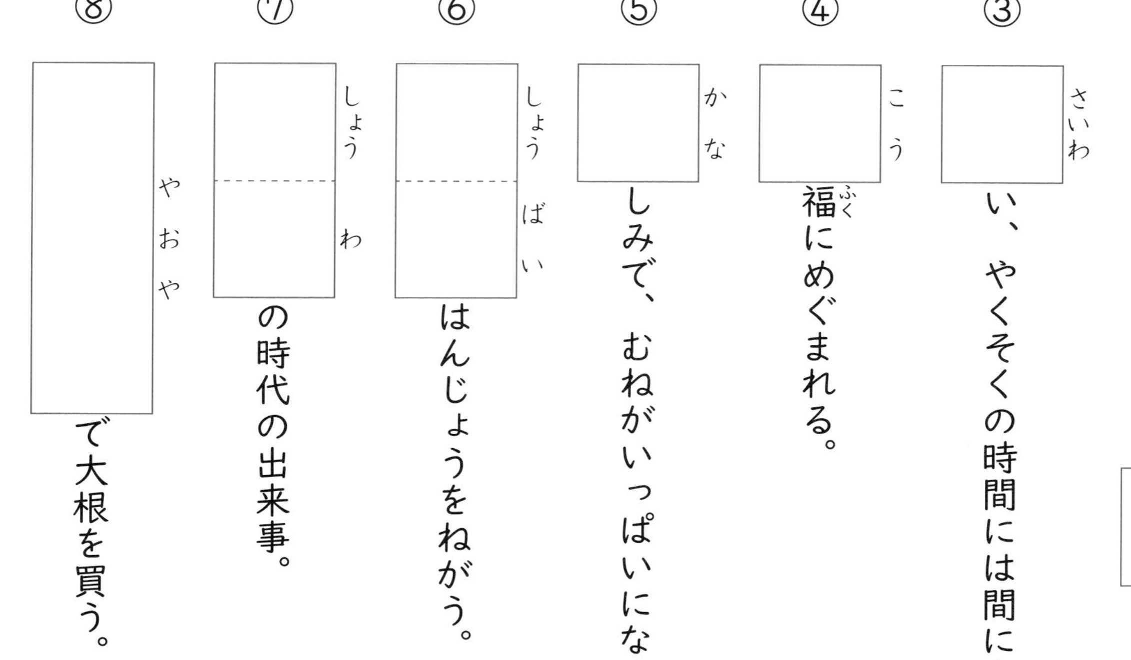

ヒント ③④「幸」の横ぼうの数に注意しましょう。

きほんのドリル 45

漢字を使おう8 (2)
道具のうつりかわりを説明(せつ)しよう
漢字を使おう9 (1)

時間 15分
合かく80点
/100
サクッとこたえあわせ
答え 104ページ
月　日

書いておぼえよう！

帳　教91ページ
チョウ
11画　帳帳帳帳帳帳帳帳帳帳帳
帳面(ちょうめん)　通帳(つうちょう)　地図帳(ちずちょう)
帳（はばへん・きんべん）

庫　教101ページ
コ
長く
10画　庫庫庫庫庫庫庫庫庫庫
車庫(しゃこ)　金庫(きんこ)　文庫(ぶんこ)
庫（まだれ）

転　教101ページ
テン
ころがる　ころげる　ころがす　ころぶ
11画　転転転転転転転転転転転
転(ころ)がる　転(ころ)がす　転校(てんこう)
転（くるまへん）

第　教107ページ
ダイ
はねる
11画　第第第第第第第第第第第
第一(だいいち)　第三者(だいさんしゃ)
第（たけかんむり）

福　教107ページ
フク
13画　福福福福福福福福福福福福福
福(ふく)の神(かみ)　幸福(こうふく)　福利(ふくり)
福（しめすへん）

読んでおぼえよう！

●…読み方が新しい漢字　＝…送りがな

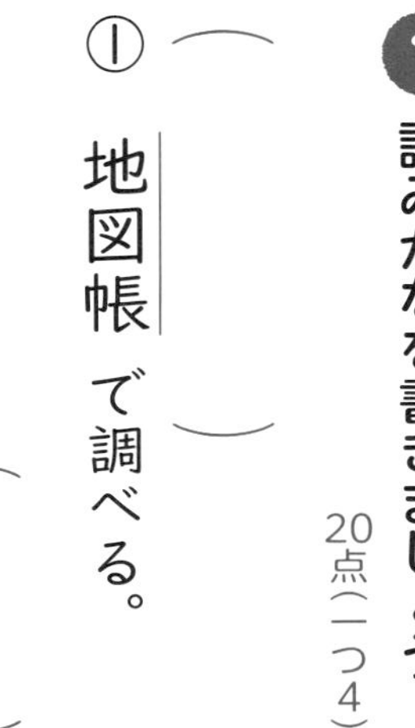

鳴　教91ページ
メイ
なく　なる　ならす

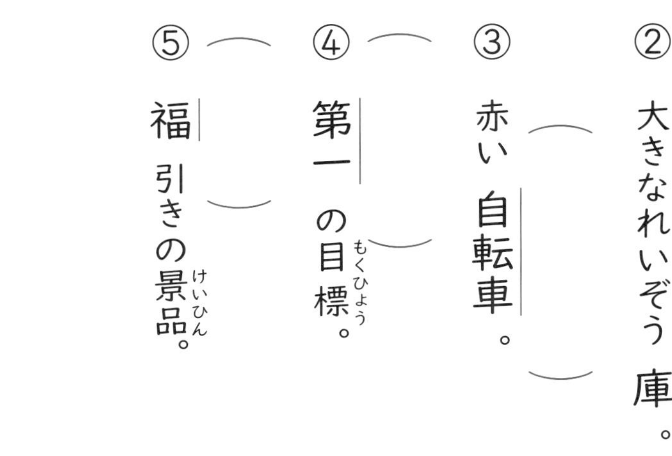

1 読みがなを書きましょう。 20点（一つ4）

① 地図帳で調べる。（　　）

② 大きなれいぞう庫。（　　）

③ 赤い自転車。（　　）

④ 第一の目標(もくひょう)。（　　）

⑤ 福引きの景品(けいひん)。（　　）

教科書 下 91～107ページ

← うらのページにつづくよ！

2 あてはまる漢字を書きましょう。

80点（一つ10）

① （てちょう）にアイデアをメモする。

② 物音におどろいて、（ひめい）を上げる。

③ （ぶんこぼん）をかりる。

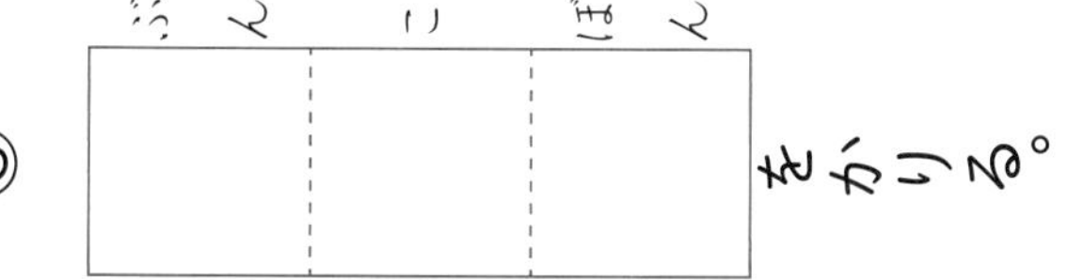

④ 家の都合で遠くに（てんこう）する。

⑤ サッカーボールが（ころ）がる。

⑥ 石につまずいて（ころ）ぶ。

⑦ （だいに）の理由を話す。

⑧ 家族の（こうふく）をねがう。

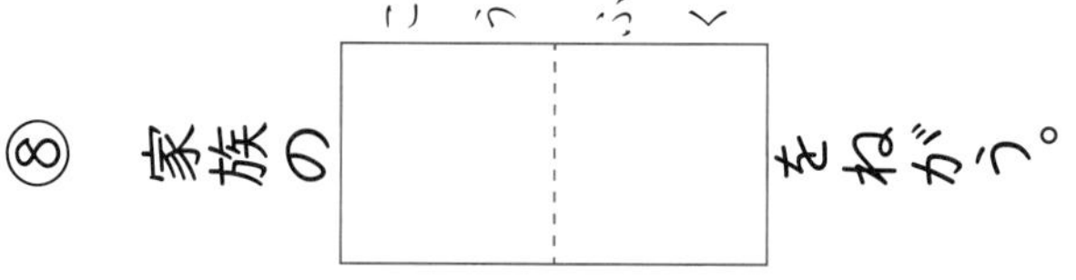

「庫」の一画目をしっかり書こう。

ヒント ⑦「第」の「弟」の形に注意しましょう。

きほんのドリル 46。

漢字を使おう9 (2)

時間 15分　合かく80点　/100

サクッとこたえあわせ　答え 104ページ

月　日

書いておぼえよう！

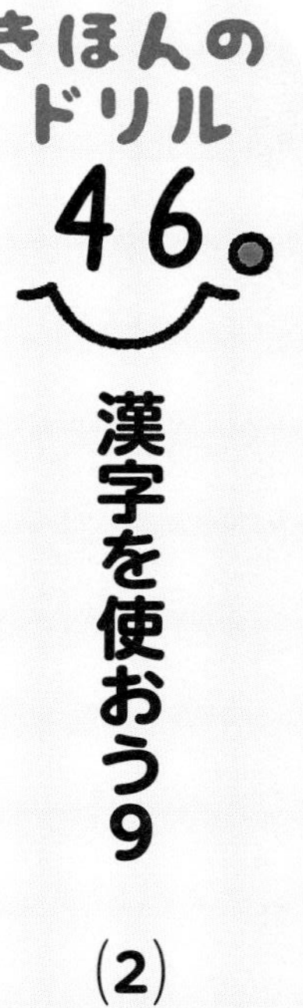

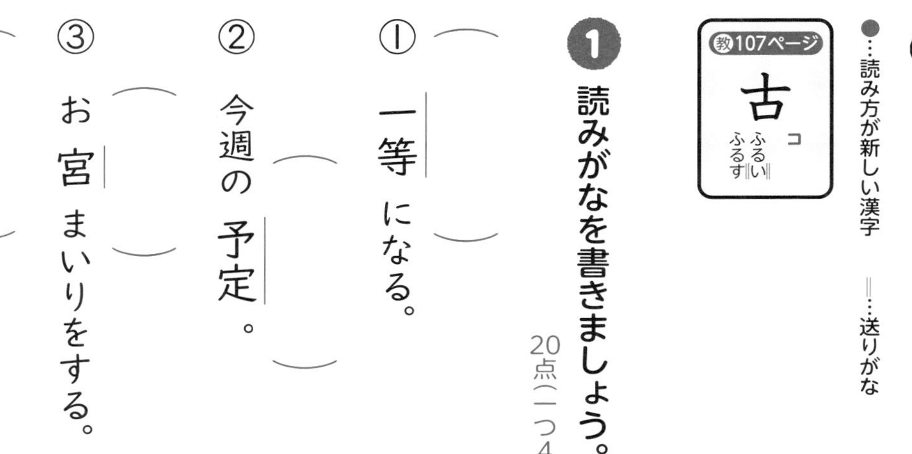

読んでおぼえよう！

●…読み方が新しい漢字　‖…送りがな

教107ページ　古 コ ふるい ふるす

1 読みがなを書きましょう。 20点(一つ4)

① 一等 になる。

② 今週の 予定。

③ お 宮 まいりをする。

④ 古代 の文明。

⑤ 宿 にとまる。

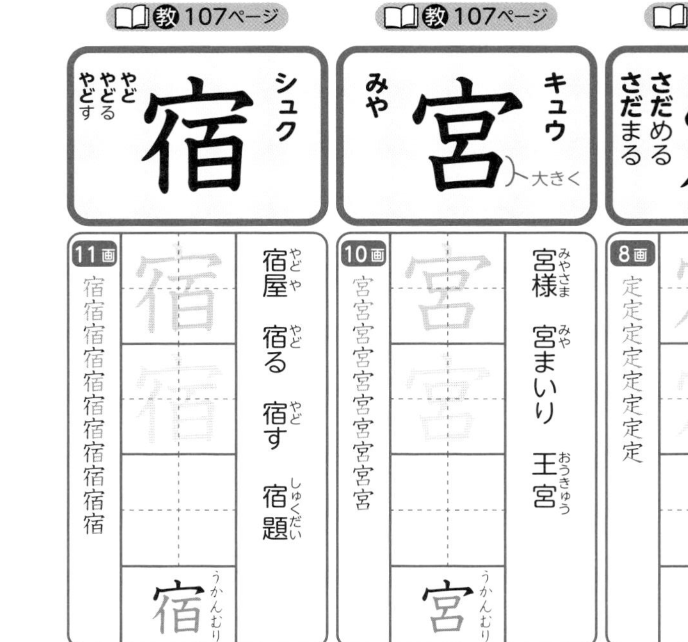

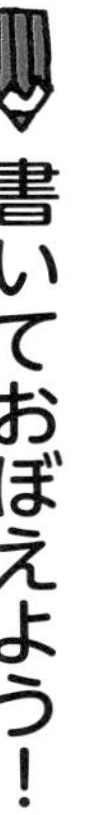

教科書 下107ページ

うらのページにつづくよ！

2 あてはまる漢字を書きましょう。

80点（一つ10）

① 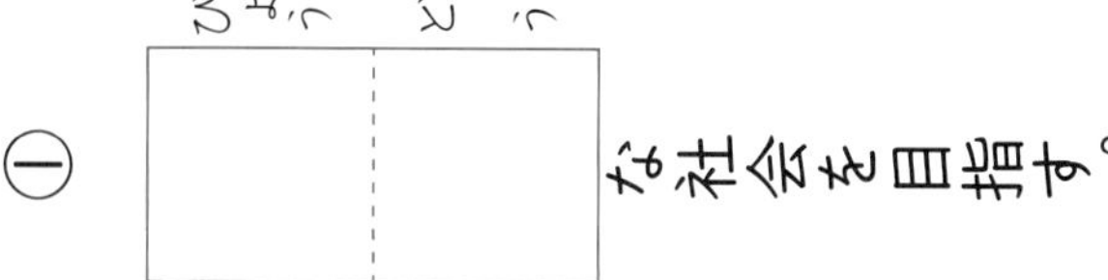

な社会を目指す。

② 長さが 

しい。

③ 三角 

規（ぎ）を使う。

④ 今年の目標（もくひょう）を 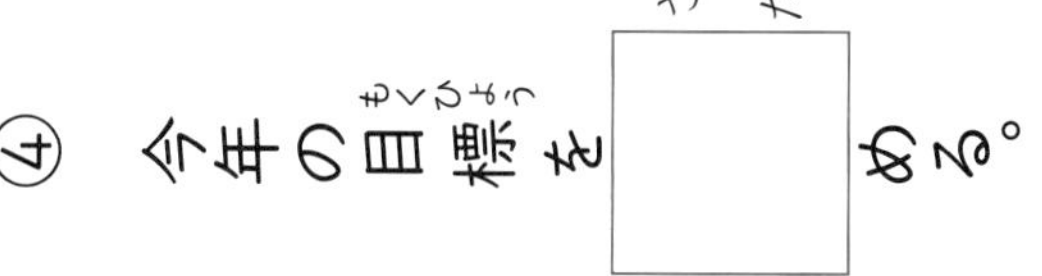

める。

⑤ 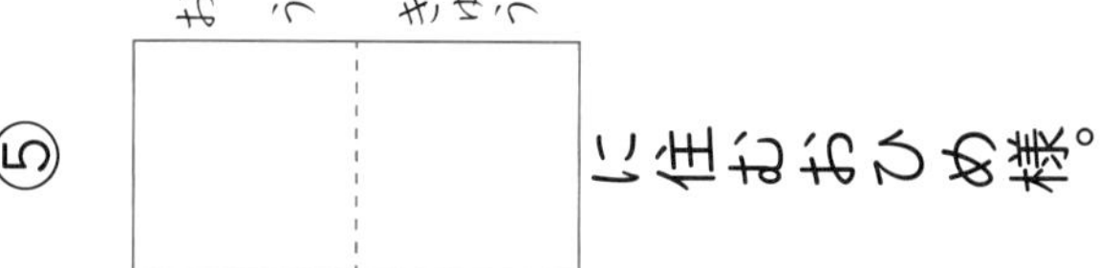

に住むおひめ様。

⑥ お 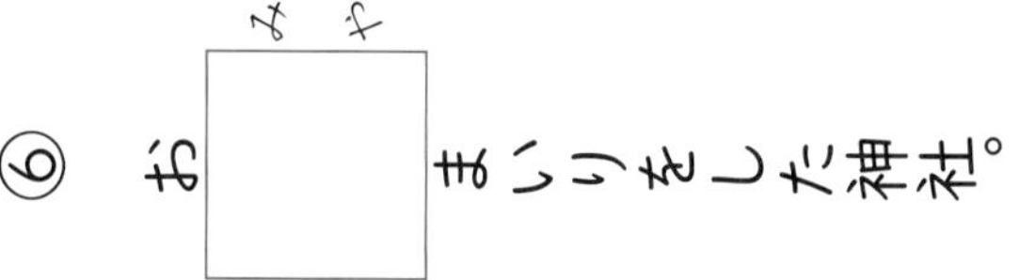

まいりをした神社。

⑦ 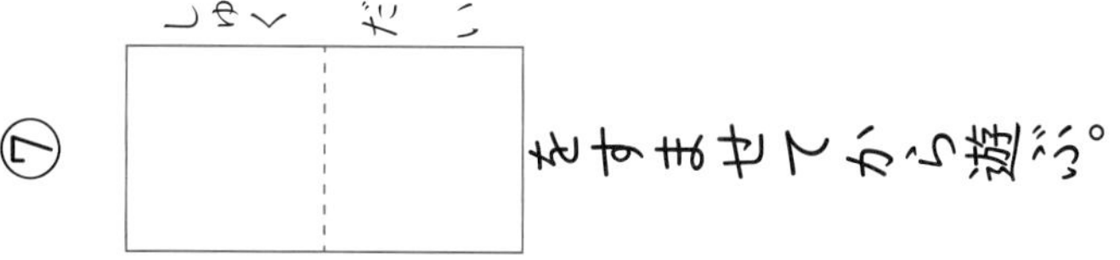

をすませてから遊ぶ。

⑧ 作品にかがやきが 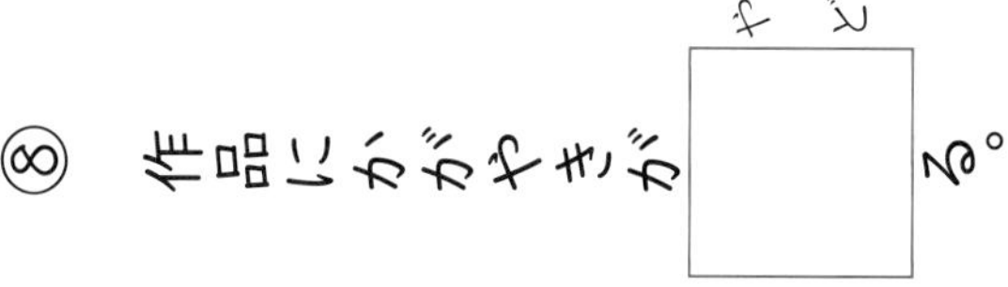

る。

同じところがある、「定」「宮」「宿」を書き分けよう。

③④「定」の「疋」は、「正」ではありません。注意しましょう。

きほんのドリル 47。

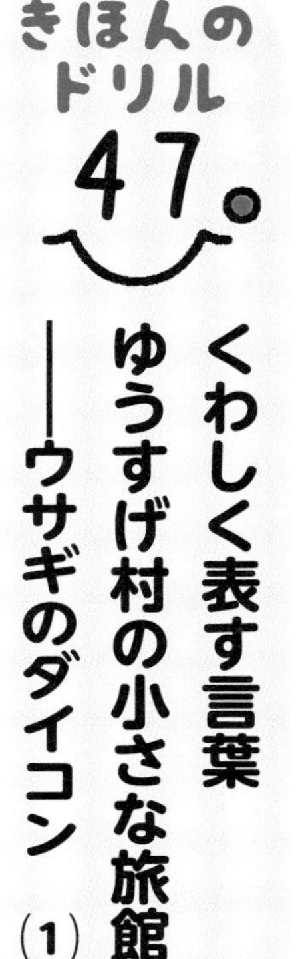

くわしく表す言葉
ゆうすげ村の小さな旅館 ——ウサギのダイコン (1)

時間 15分　合かく80点　/100

サクッとこたえあわせ　答え 104ページ

月　日

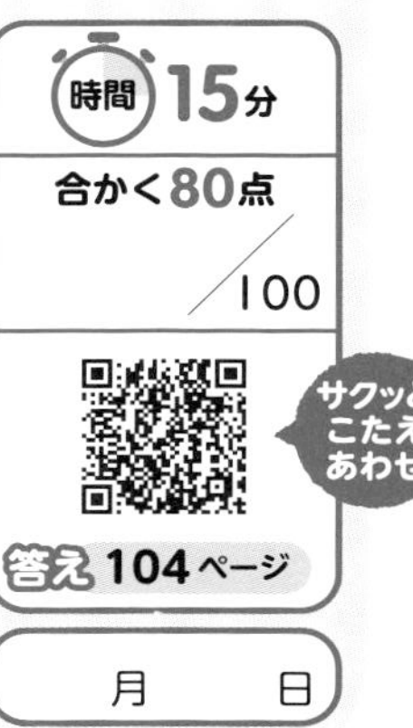

書いておぼえよう!

教 108ページ
追　ツイ　おう
追う　追いかける　追究
しんにょう
9画

教 109ページ
庭　テイ　にわ　(出る)
前庭　庭石　家庭　庭園
まだれ
10画

教 112ページ
旅　リョ　たび　(とめる)
旅をする　旅先　旅行
ほうへん　かたへん
10画

教 112ページ
息　ソク　いき
息切れ　白い息　休息
こころ
10画

教 113ページ
階　カイ　(はねる)
二階　音階　階級　階下
こざとへん
12画

1 読みがなを書きましょう。 60点(一つ10)

① 弟を追いかける。
② 校庭の花だん。
③ 庭の手入れをする。
④ 旅館の客室。
⑤ ほっと息をつく。
⑥ 階だんを下りる。

教科書 下108~126ページ

うらのページにつづくよ!

2 あてはまる漢字を書きましょう。

40点（一つ5）

① 料理（りょうり）の注文を［つい］加（か）する。

② 先に家を出た兄に［お］いつく。

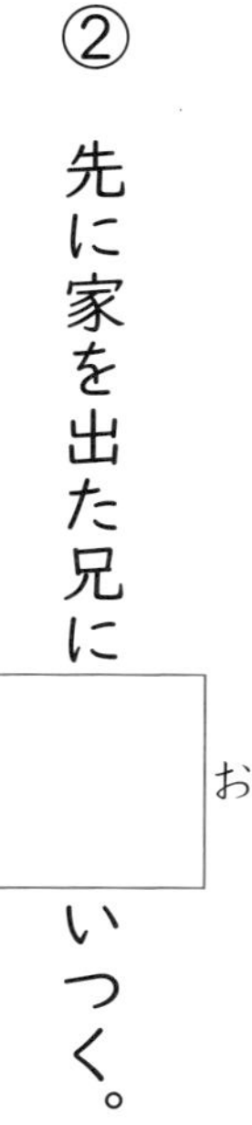

③ 高学年の［かていか］の授業（じゅぎょう）。

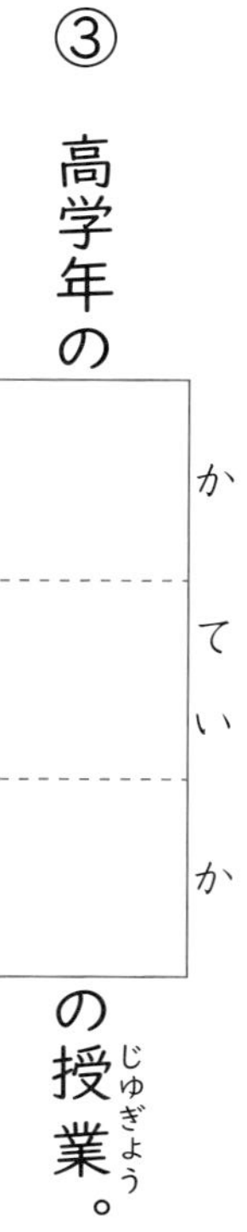

④ ［りょこう］の楽しい思い出。

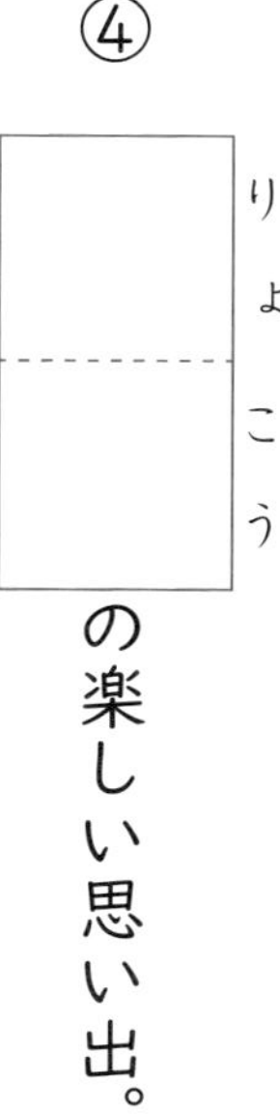

⑤ ［たびさき］でとった写真を見せる。

⑥ しっかりと［きゅうそく］を取る。

⑦ 走って［いき］切れする。

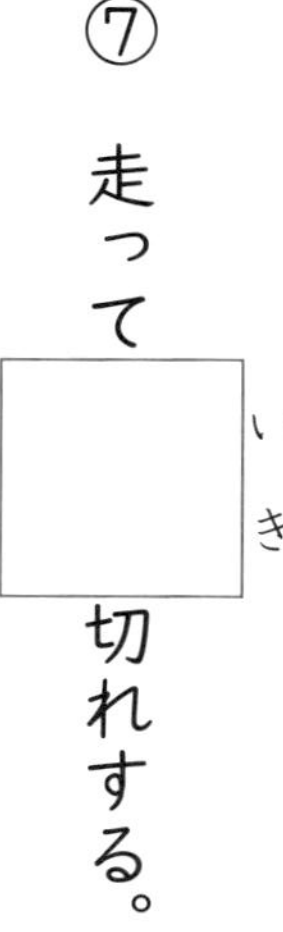

⑧ ドレミの［おんかい］。

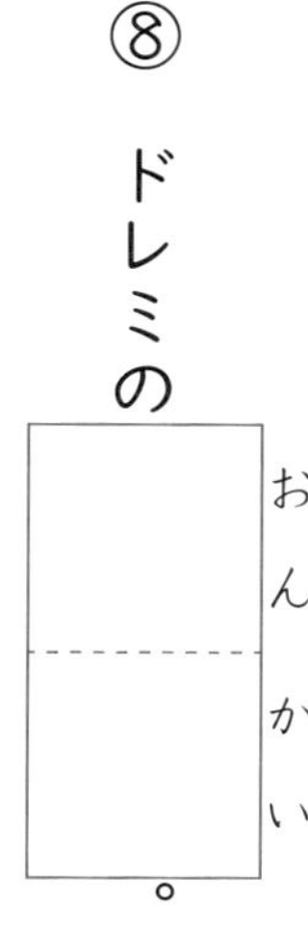

ヒント ④⑤「旅」の右側（みぎがわ）の形に注意しましょう。

「息」の上の部分は、「白」ではないよ。

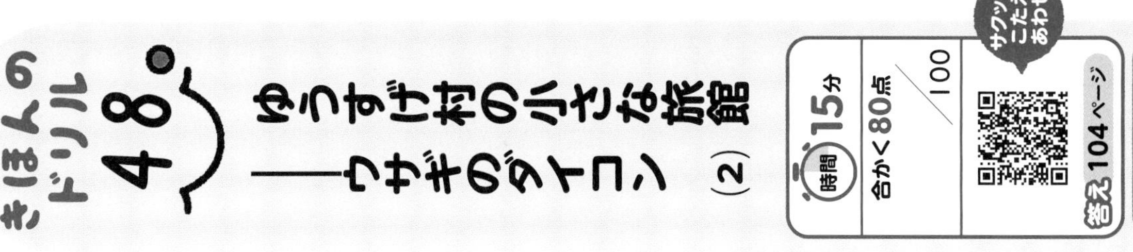

きほんのドリル 48。

ゆうすげ村の小さな旅館 ——ウサギのダイコン (2)

時間 15分　合かく80点　／100

答え 104ページ

サクッとこたえあわせ

月　日

書いておぼえよう！

教 113ページ

重　ジュウ・チョウ　え・おも(い)・かさ(ねる)・かさ(なる)

9画　重重重重重重重重重

重(おも)い　重(かさ)ねる　体重(たいじゅう)　貴重(きちょう)

重（さと）

教 115ページ

畑　はた・はたけ　（とめる）

9画　畑畑畑畑畑畑畑畑畑

田畑(たはた)　畑作(はたさく)　茶畑(ちゃばたけ)　麦畑(むぎばたけ)

畑（た）

教 115ページ

去　キョ・コ　さ(る)

5画　去去去去去

去(さ)る十日(とおか)　去年(きょねん)　死去(しきょ)　過去(かこ)

去（む）

教 116ページ

礼　レイ　（まげる）

5画　礼礼礼礼礼

お礼(れい)　返礼(へんれい)　無礼(ぶれい)　礼金(れいきん)

礼（しめすへん）

教 120ページ

待　タイ　ま(つ)　（はねる）

9画　待待待待待待待待待

待(ま)つ　待合室(まちあいしつ)　期待(きたい)

待（ぎょうにんべん）

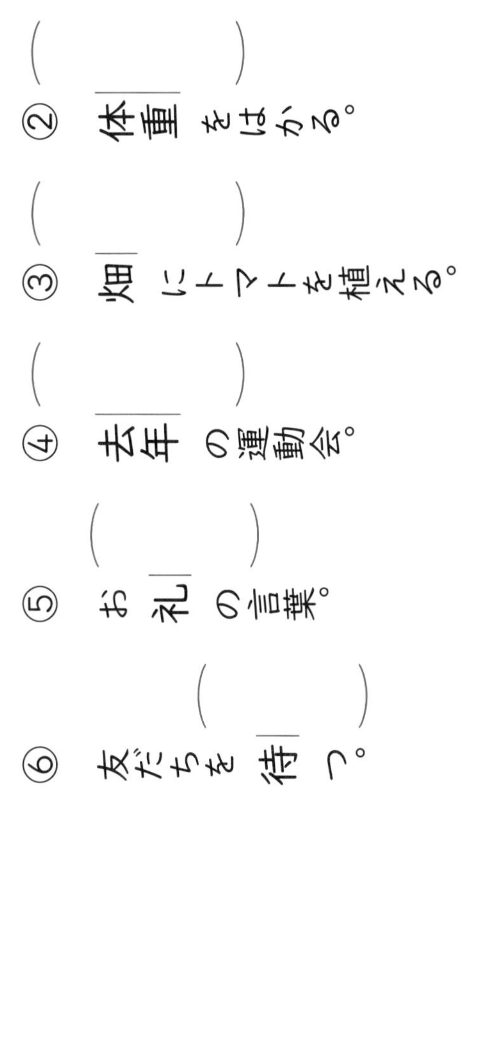

1 読みがなを書きましょう。

60点（一つ10）

① 重（　　）い荷物を持つ。

② 体重（　　）をはかる。

③ 畑（　　）にトマトを植える。

④ 去年（　　）の運動会。

⑤ お礼（　　）の言葉。

⑥ 友だちを待（　　）つ。

← うらのページにつづくよ！

教科書 下 110～126ページ

❷ あてはまる漢字を書きましょう。

40点（一つ5）

① 貴（き）［ちょう］な体験（たいけん）をする。

② お皿を何まいも［かさ］ねる。

③ ［たはた］をたがやす。

④ 過（か）［こ］の出来事をふり返る。

⑤ わたり鳥が北へ［さ］る。

⑥ お店の人にていねいにお［れい］を言う。

⑦ あたたかい春が［ま］ち遠しい。

⑧ 優勝（ゆうしょう）の［きたい］が高まる。

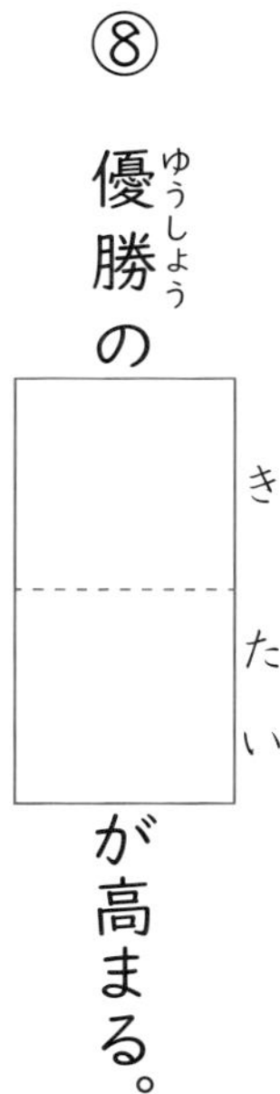

ヒント ⑦⑧「待」の左側（ひだりがわ）は、「扌」ではなく「彳」です。

きほんのドリル 49

漢字を使おう10 漢字の組み立てと意味

月　日

時間 15分　合かく80点　／100

答え 104ページ　サクッとこたえあわせ

書いておぼえよう！

秒（教127ページ）ビョウ　長く
9画　秒秒秒秒秒秒秒秒秒
五秒（ごびょう）　秒速（びょうそく）　毎秒（まいびょう）
秒（のぎへん）

病（教127ページ）ビョウ　やまい
10画　病病病病病病病病病病
重い病（おもいやまい）　病気（びょうき）　病室（びょうしつ）
病（やまいだれ）

童（教127ページ）ドウ　長く
10画　童童童童童童童童童童
童話（どうわ）　学童（がくどう）　童心（どうしん）
童（たつ）

笛（教128ページ）テキ　ふえ　出る
11画　笛笛笛笛笛笛笛笛笛笛笛
笛をふく（ふえをふく）　口笛（くちぶえ）　横笛（よこぶえ）　汽笛（きてき）
笛（たけかんむり）

波（教129ページ）ハ　なみ　はねる
8画　波波波波波波波波
波のり（なみのり）　波風（なみかぜ）　音波（おんぱ）　波動（はどう）
波（さんずい）

読んでおぼえよう！

●…読み方が新しい漢字　＝…送りがな

少（教127ページ）ショウ　すく（ない）　すこ（し）	土（教127ページ）ト　ド　つち	口（教127ページ）ク　くち
多（教127ページ）タ　おお（い）	力（教127ページ）リョク　リキ　ちから	首（教128ページ）シュ　くび

1 読みがなを書きましょう。　20点（一つ5）

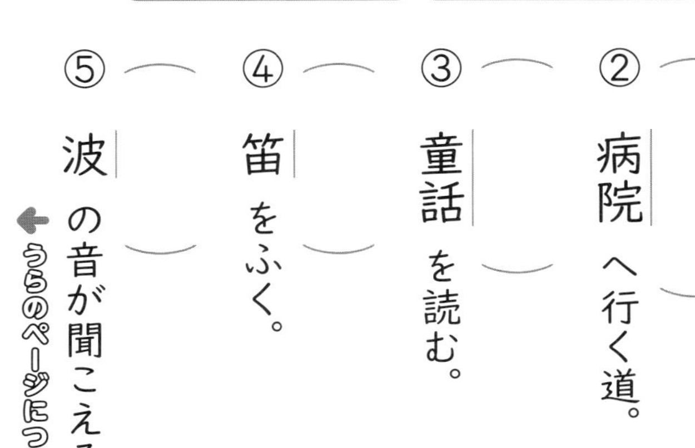

① 数秒（　　）の間。

② 病院（　　）へ行く道。

③ 童話（　　）を読む。

④ 笛（　　）をふく。

⑤ 波（　　）の音が聞こえる。

←うらのページにつづくよ！

教科書 下127～129ページ

2 あてはまる漢字を書きましょう。

80点（一つ10）

① □□（びょうそく）十メートルの風がふいている。

② □（やまい）がなおって元気になる。

③ □□（たしょう）のばらつきがある。

④ 広大（こうだい）な□□（とち）をかけ回る。

⑤ むずかしい問題を□□（じりき）でとく。

⑥ おだやかな□□（くちょう）で話す。

⑦ 船の□□（きてき）の音。

⑧ けいたいでん話の□□（でんぱ）。

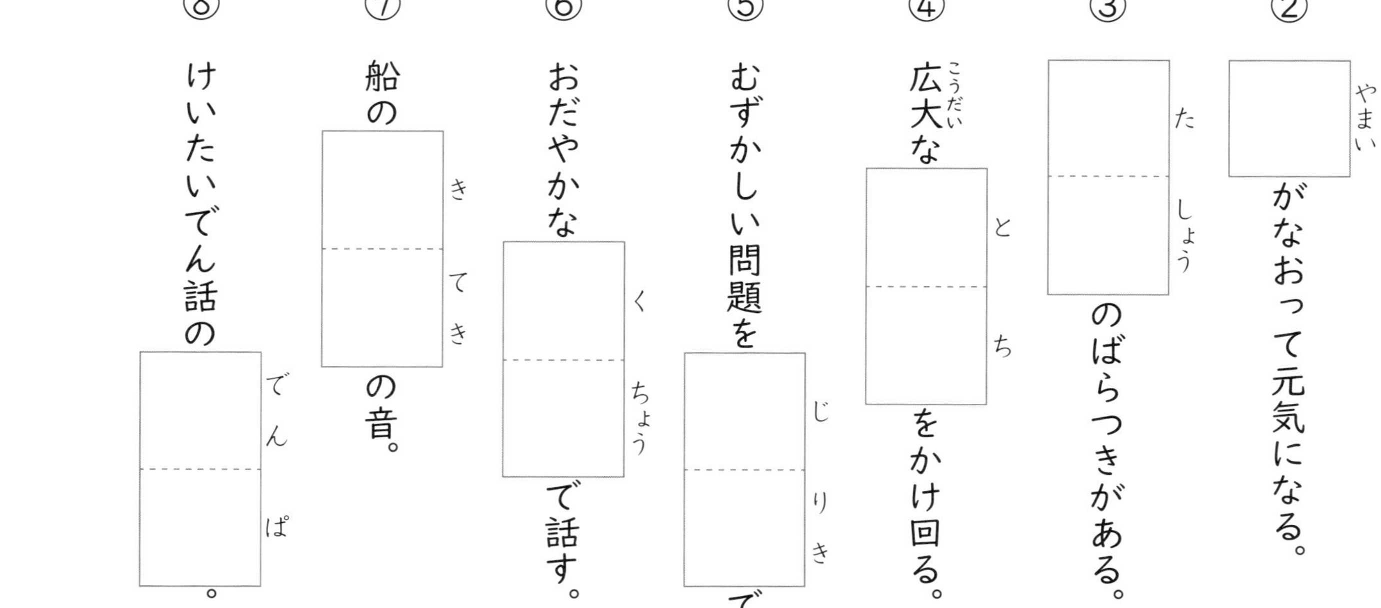

ヒント ②「病」の四・五画目をわすれないようにしましょう。

一月から三月に習った漢字と言葉

1 漢字の読みがなを書きましょう。 14点（一つ2）

① 外国の宮（　　）でん。

② 車庫（　　）に自転車（　　）をしまう。

③ お礼（　　）を言ってから、その場を去（　　）る。

④ 庭園（　　）のある宿（　　）にとまる。

2 あてはまる漢字を書きましょう。〔　〕には漢字とひらがなを書きましょう。 14点（一つ2）

① 〔しあわせ〕な時間をすごす。

② メモ□（ちょう）に□□（よてい）を書きこむ。

③ 川の向こう□（ぎし）に□□（じゅうびょう）で着く。

④ 駅の□（かい）段（だん）の前で友だちを〔まつ〕。

うらのページにつづくよ！

3 同じところのある漢字を書きましょう。 24点（一つ4）

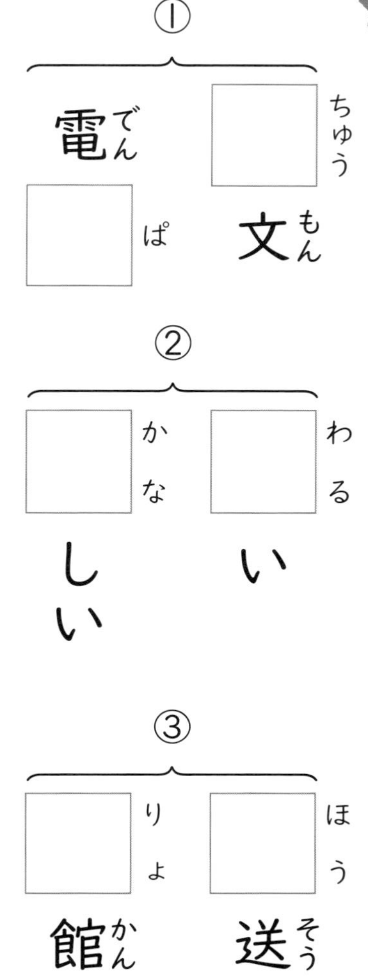

① □（ちゅう）文（もん）　電（でん）□（ぱ）

② □（わる）い　□（かな）しい

③ □（ほう）送（そう）　□（りょ）館（かん）

4 次の漢字の総画数（そうかくすう）を、漢数字で書きましょう。 24点（一つ4）

① 病（　　）　② 商（　　）

③ 追（　　）　④ 第（　　）

⑤ 福（　　）　⑥ 重（　　）

5 組み合わせて、漢字をかんせいさせましょう。 24点（一つ4）

① 竹＋由＝□　② 火＋田＝□

③ 自＋心＝□　④ 日＋刀＋口＝□

⑤ 竹＋寺＝□　⑥ 日＋立＋日＝□

答え

●ドリルやホームテストが終わったら、答え合わせをしましょう。
●まちがっていたら、かならずもう一度やり直しましょう。考え方も読み直しましょう。

1 漢字のふく習　1～2ページ

1 ①あたら　②くも　③ひがし　④さとやま　⑤まいしゅう　⑥いちば　⑦でんしゃ　⑧はんぶん　⑨たか

2 ①教室　②南　③話す　④牛肉　⑤海　⑥公園　⑦鳴く　⑧麦茶

3 ①おんがく　②じぶん　③ふね　④がようし　⑤りか　⑥けいと　⑦やせい　⑧かお　⑨つよ

4 ①算数　②冬　③声　④親子　⑤弟　⑥考える　⑦午前　⑧時間

2 きほんのドリル　3～4ページ

1 ①は　②お　③はや　④そく　⑤いちめん　⑥む

2 ①言葉　②葉　③起　④起　⑤速　⑥画面　⑦方向　⑧向

3 きほんのドリル　5～6ページ

1 ①みどりいろ　②りょくち　③かんしん　④まめ　⑤じんぶつ　⑥もの

2 ①緑色　②緑茶　③感心　④豆　⑤豆　⑥大豆　⑦物　⑧作物

4 きほんのドリル　7～8ページ

1 ①ようす　②しかた　③つか　④ものがたり　⑤れんしゅう

2 ①様子　②王様　③仕　④会話　⑤語　⑥早朝　⑦練　⑧習

5 きほんのドリル　9～10ページ

1 ①きゅうしゅう　②ちゅうおう　③おう　④ほどう　⑤にばい

2 ①本州　②州　③中央　④横　⑤横　⑥歩道　⑦合計　⑧二倍

6 きほんのドリル　11～12ページ

1 ①としょかん　②しょくじ　③きごう　④つか　⑤いけん

2 ①館　②仕事　③目　④引　⑤内　⑥番号　⑦天使　⑧用意

7 きほんのドリル　13～14ページ

1 ①いみ　②あじ　③かんじ　④あらわ　⑤しら　⑥はしら

2 ①味方　②漢数字　③表　④表　⑤表　⑥調理　⑦大黒柱　⑧電柱

8 きほんのドリル　15～16ページ

1 ①ばしょ　②ところ　③と　④きょく　⑤はい　⑥じゅうにん

2 ①台所　②先取点　③取　④局　⑤心配　⑥配　⑦住所　⑧住

9 まとめのドリル　17～18ページ

1 ①ひょうめん　②くば　③かんしん　④おうさま　⑤と　⑥としょかん・む　⑦ことば・いみ　⑧ちゅうおう・れんしゅう　⑨よこ・さんばい

2 ①使う　②起きる　③速い　④緑色　⑤仕事　⑥局　⑦大豆・食物　⑧住所・漢字　⑨九州・調べる

考え方

2 ③同じ読みの「早い」とまちがえないように注意しましょう。

10 きほんのドリル　19～20ページ

1 ①み　②そだ　③まも　④き　⑤かつどう

2 ①自　②身長　③体育　④育　⑤守　⑥守　⑦決心　⑧動

11 きほんのドリル　21～22ページ

1 ①も　②と　③わだい　④ぶぶん　⑤ひっ

2 ①動作　②所持　③持　④問　⑤問題

⑥部　⑦筆記　⑧絵筆

12 きほんのドリル　23～24ページ

1 ①さくしゃ　②みやこ　③こおり　④およ　⑤ゆうめい

2 ①人気者　②都会　③都合　④氷山　⑤形　⑥水泳　⑦所有　⑧有

13 きほんのドリル　25～26ページ

1 ①へんじ　②あそ　③ひら　④ぜんたい　⑤こう

2 ①返　②遊園地　③開会　④開　⑤全　⑥全　⑦高校　⑧明

14 きほんのドリル　27～28ページ

1 ①はじ　②としょがかり　③せわ　④お　⑤にがて

2 ①全力　②開始　③係　④世　⑤終点　⑥考　⑦苦心　⑧苦

15 きほんのドリル　29～30ページ

1 ①かぞく　②ぶんしょう　③さっきょく　④こくばん　⑤さくひん

2 ①水族館　②文章　③校歌　④曲線　⑤曲　⑥板　⑦部品　⑧手品

16 きほんのドリル　31～32ページ

1 ①さら　②くうはく　③いいんちょう　④はっぴょう　⑤しま

2 ①小皿　②空白　③委員　④委　⑤社員　⑥発見　⑦島　⑧島国

17 まとめのドリル　33～34ページ

1 ①み　②ひっき　③ぜんりょく　④どうぶつ　⑤はっしゃ　⑥かかり・き　⑦おおざら・も　⑧とかい・ゆうめい　⑨そだ・みまも

2 ①返す　②開ける　③曲げる　④世　⑤黒板　⑥島　⑦家族・泳ぎ　⑧委員会・問題　⑨文章・始める

18 きほんのドリル　35～36ページ

1 ①さむ　②そうとう　③あいて　④し　⑤きみ　⑥くん

19 きほんのドリル　37～38ページ

2 ①寒風　②寒気　③相　④相手　⑤死　⑥生死　⑦君　⑧君

1 ①あんしん　②きゅう　③はし　④とうじょう　⑤こうどう

2 ①安全　②安　③急行　④急　⑤記　⑥歩道橋　⑦登山　⑧山登

20 きほんのドリル　39～40ページ

1 ①かなもの　②ち　③もう　④りゆう　⑤そう

2 ①金物　②血　③血　④申　⑤由来　⑥自由　⑦野鳥　⑧空想

21 きほんのドリル　41～42ページ

1 ①し　②しゅっぱつ　③あつ　④つぎ　⑤あつ

2 ①詩　②出場　③集合　④集　⑤次回　⑥次　⑦暑中　⑧暑

22 きほんのドリル　43～44ページ

1 ①さぎょう　②み　③のうか　④めい　⑤しゃ

2 ①実力　②実　③行　④農業　⑤農地　⑥命　⑦写生　⑧写

23 夏休みのホームテスト　45～46ページ

☆1 ①ゆらい　②そうとう・あつ　③きみ・あんしん　④じかい・しょくじかい

☆2 ①農業　②死・登る　③実・集める　④寒い・氷

☆3 ①ちゅう・はしら　②かん・やかた　③めい・いのち　④ぶっ・もつ

☆4 ①遊ぶ　②終わる　③調べる　④苦い　⑤申す　⑥曲がる

☆5 ①号　②部　③想　④血　⑤詩　⑥写

24 きほんのドリル　47～48ページ

1 ①たす　②お　③しんこう　④やく　⑤ま

2 ①太　②合　③通　④助手　⑤落石　⑥進　⑦役立　⑧負

25 きほんのドリル　49～50ページ

❶ ①か ②くき ③にん ④ちょう
⑤ほんや

❷ ①勝負 ②勝手 ③地区 ④県道
⑤市町村 ⑥丁 ⑦屋上 ⑧屋

26. きほんのドリル 51～52ページ

❶ ①やね ②な ③とうきゅう ④う
⑤だ ⑥しゅご

❷ ①根気 ②投手 ③地球 ④球 ⑤打
⑥主人公 ⑦主 ⑧主

27. きほんのドリル 53～54ページ

❶ ①ば ②てつ ③ま ④きゃく ⑤き

❷ ①化石 ②鉄道 ③真実 ④真心 ⑤円
⑥来客 ⑦着用 ⑧着

28. きほんのドリル 55～56ページ

❶ ①おく ②にゅういん ③けがわ
④う ⑤しょう

❷ ①配送 ②院長 ③楽 ④皮肉 ⑤部屋
⑥受 ⑦消 ⑧消

29. きほんのドリル 57～58ページ

❶ ①にもつ ②はこ ③まっさお
④ようこう ⑤つうがくろ

❷ ①荷台 ②運動場 ③運 ④真っ赤
⑤真面目 ⑥太陽 ⑦道路 ⑧家路

30. まとめのドリル 59～60ページ

❶ ①てっきょう ②やね ③しんじつ
④ろじょう ⑤ようき ⑥きゃく・おく
⑦け・お ⑧にちょうめ・くやくしょ
⑨しゅじんこう・しょうぶ

❷ ①助ける ②進む ③着 ④皮 ⑤負けず
⑥入院 ⑦投げる・受ける
⑧野球・勝つ ⑨荷物・運ぶ

31. きほんのドリル 61～62ページ

❶ ①むかし ②ふく ③しゃりょう
④かる ⑤けいしょく ⑥かぐ

❷ ①昔話 ②学生服 ③両方 ④両手
⑤軽食 ⑥軽 ⑦道具 ⑧雨具

32. きほんのドリル 63～64ページ

❶ ①おんど ②あたた ③び ④みじか
⑤せいり ⑥ととの

❷ ①気温 ②温 ③角度 ④美化係 ⑤美
⑥短所 ⑦短 ⑧整

33. きほんのドリル 65～66ページ

❶ ①さ ②しょくぶつ ③う
④けんきゅうしゃ ⑤さいく

❷ ①指名 ②目指 ③親指 ④植物 ⑤植
⑥植 ⑦研究 ⑧細部

34. きほんのドリル 67～68ページ

❶ ①しんかい ②じだい ③じょうば
④いんしょくてん ⑤りゅうせい

❷ ①深 ②代 ③代紙 ④乗 ⑤飲
⑥店頭 ⑦星雲 ⑧流

35. きほんのドリル 69～70ページ

❶ ①もくたん ②もち ③へいわ ④たい
⑤ぎん

❷ ①石炭 ②炭火 ③用 ④平泳 ⑤平
⑥和室 ⑦電池 ⑧銀行

36. きほんのドリル 71～72ページ

❶ ①はな ②かみさま ③まつ ④さいじつ
⑤は ⑥いしゃ

❷ ①鼻声 ②神話 ③神社 ④文化祭
⑤夏祭 ⑥歯科 ⑦虫歯 ⑧医学

37. きほんのドリル 73～74ページ

❶ ①さかみち ②くすりばこ ③やくひん
④ゆ ⑤ほか ⑥た

❷ ①坂 ②火薬 ③薬局 ④筆箱 ⑤湯気
⑥湯 ⑦他人 ⑧他

38. きほんのドリル 75～76ページ

❶ ①たい ②ようふく ③みずうみ ④さけ
⑤あぶら

❷ ①対話 ②洋食 ③湖水 ④日本酒 ⑤酒
⑥石油 ⑦油絵 ⑧里

39. きほんのドリル 77～78ページ

❶ ①ひろ ②ひつじ ③えき ④くうこう ⑤せかい
❷ ①拾 ②羊 ③音声 ④同時 ⑤駅長 ⑥港町 ⑦世界 ⑧読点

40 きほんのドリル 79〜80ページ

❶ ①にがっき ②ちょうき ③べんきょう ④しんきゅう ⑤どうきゅうせい ⑥にゅうがくしき
❷ ①期間 ②時期 ③勉学 ④勉強 ⑤学級 ⑥上級生 ⑦正式 ⑧式

41 きほんのドリル 81〜82ページ

❶ ①せいれつ ②よしゅう ③よそう ④そうだん ⑤はんたい ⑥そ
❷ ①行列 ②列車 ③予 ④予算 ⑤相談 ⑥会談 ⑦反 ⑧反

42 冬休みのホームテスト 83〜84ページ

☆1 ①しかい ②みずうみ・じんじゃ ③むかし・まつ ④しんかい・けんきゅう
☆2 ①植える ②洋服・油 ③湯・温度 ④三学期・勉強
☆3 ①しゅ・さか ②たん・すみ ③こう・みなと ④た・ほか
☆4 ①化ける ②流れる ③短い ④軽い ⑤平ら ⑥拾う
☆5 ①箱 ②坂 ③反 ④飲 ⑤整 ⑥両

考え方 ☆4 ③「短い」を「短かい」とまちがえないように、送りがなに注(ちゅう)意しましょう。

43 きほんのドリル 85〜86ページ

❶ ①ちゅうい ②そそ ③あん ④わるもの ⑤ぎし
❷ ①注 ②竹林 ③暗記 ④暗 ⑤悪事 ⑥悪 ⑦海岸 ⑧新聞紙

44 きほんのドリル 87〜88ページ

❶ ①ほう ②しあわ ③かな ④しょうてん ⑤しょうわ
❷ ①放送 ②放 ③幸 ④幸 ⑤悲 ⑥商売 ⑦昭和 ⑧八百屋

45 きほんのドリル 89〜90ページ

❶ ①ちずちょう ②こ ③じてんしゃ ④だいいち ⑤ふく
❷ ①手帳 ②悲鳴 ③文庫本 ④転校 ⑤転 ⑥転 ⑦第二 ⑧幸福

46 きほんのドリル 91〜92ページ

❶ ①いっとう ②よてい ③みや ④こだい ⑤やど
❷ ①平等 ②等 ③定 ④定 ⑤王宮 ⑥宮 ⑦宿題 ⑧宿

47 きほんのドリル 93〜94ページ

❶ ①お ②こうてい ③にわ ④りょかん ⑤いき ⑥かい
❷ ①追 ②追 ③家庭科 ④旅行 ⑤旅先 ⑥休息 ⑦息 ⑧音階

48 きほんのドリル 95〜96ページ

❶ ①おも ②たいじゅう ③はたけ ④きょねん ⑤れい ⑥ま
❷ ①重 ②重 ③田畑 ④去 ⑤去 ⑥礼 ⑦待 ⑧期待

49 きほんのドリル 97〜98ページ

❶ ①すうびょう ②びょういん ③どうわ ④ふえ ⑤なみ
❷ ①秒速 ②病 ③多少 ④土地 ⑤自力 ⑥口調 ⑦汽笛 ⑧電波

50 学年末のホームテスト 99〜100ページ

☆1 ①きゅう ②しゃこ・じてんしゃ ③れい・さ ④ていえん・やど
☆2 ①幸せ ②帳・予定 ③岸・十秒 ④階・待
☆3 ①注・波 ②悪・悲 ③放・旅
☆4 ①十 ②十一 ③九 ④十一 ⑤十三 ⑥九
☆5 ①笛 ②畑 ③息 ④昭 ⑤等 ⑥暗

考え方 ☆3 漢字は、同じところのあるものをまとめておぼえるとよいでしょう。